1 '와비사비わびさび'의 이미지: 일본 정원, 다도, 무인양품 광고, 사카모토 류이치의 앨범 재킷

2 '이키いき'의 이미지: 가부키 배우, 만화 〈귀멸의 칼날〉, 에도 시대 소방수(히케시)의 옷차림과 문신

3 '지미地味'한 색상(왼쪽)과 '하데派手'한 색상(오른쪽)

4 '아마미甘い色'한 색상

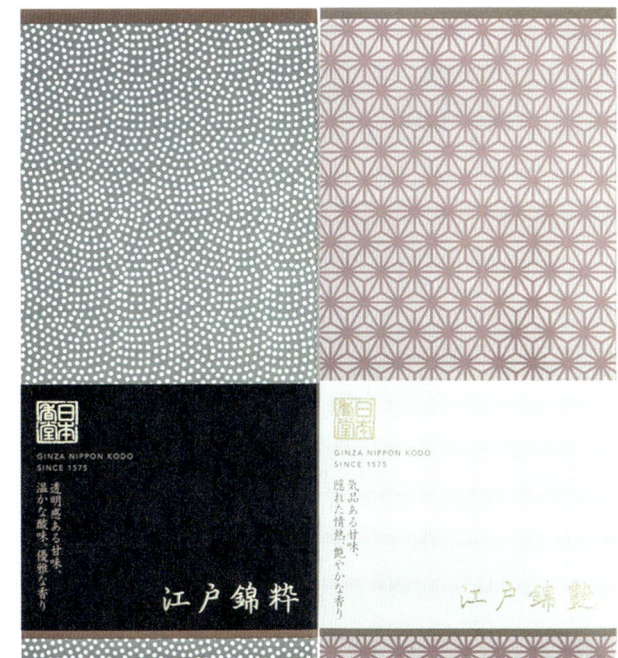

5 일본향당의 에도니시키이키
江戸錦粋(왼쪽)과 에도니시키쓰야
江戸錦艶(오른쪽)

6 에도도쿄박물관 내 가부키 극장에서 〈스케로쿠〉 재현 무대. 왼쪽부터 스케로쿠, 아게마키, 이큐

7 왼쪽 위부터 시계 방향으로 단시치 구로베와 잇슨 도쿠베, 후카시치, 이가미노 곤타의 '벤케코시' 패턴 의상

8  기타가와 우타마로, 〈비도로오 후쿠 무스메〉   9  우타가와 구니요시, 〈아타카노 마쓰〉

10  '지리멘'에 '시마' 무늬로 만든 여성 기모노

11 우타가와 히로시게, 〈스미다 쓰쓰미 야미요노 사쿠라〉　　12 게이사이 에이센, 〈도세 덴간교〉

13 유젠 기법으로 염색한 화려한 꽃무늬 기모노

14 〈히노요진〉의 장면. 문신이 선명한 '이키하고 이나세한' 히케시와, '이키'한 패턴의 기모노를 입고 있는 여주인공의 대비가 선명하다.

**15** 2020 도쿄올림픽 개막식: 〈시바라쿠〉 공연에서 '니라미' 퍼포먼스를 펼치는 이치카와 단주로

**16** 도쿄도의 새로운 슬로건. https://tokyotokyo.jp/about/

도쿄미학

# 도쿄미학

이키즘, 세련된 도시인의 멋

최태화 지음

책과함께

## 차례

**들어가며** 도시에서 피어난 감수성, '이키즘'을 향한 항해  7

### 1장  일본의 3대 전통 미학: 모노노아와레, 와비사비 그리고 이키  17

1. 귀족의 미의식 '모노노아와레'  17
2. 무사의 미의식 '와비사비'  24
3. 서민의 미의식 '이키'  39

### 2장  '이키'의 공간과 그 주인공: 대도시 오에도와 에도 시민 에돗코  53

1. 에도의 탄생과 도시적 특수성  53
2. 참근교대와 소비사회의 형성  59
3. 재난의 아이러니, 화재는 에도의 꽃  61
4. 도시의 특징을 갖게 되는 시타마치 풍경  65
5. '이키'의 주인공, 에돗코의 탄생  68

### 3장  비일상의 일상, 일상의 비일상: 에도의 미, '이키즘'  83

1. 비일상의 일상, 유곽  85
2. 일상의 비일상, 가부키  101
3. '이키'로 표현되는 에도의 미  115
4. '이나세' 스타일의 합체  130
5. 혼돈에서 태어난 쾌락: 대중문화는 왜 두려움이 되었나  143

## 4장   20세기 도쿄, 대중미학의 변화 **147**

  1. '이키하고 이나세한' 임협영화 **147**
  2. 시대에 뒤처진 에돗코에 대한 찬가: 〈남자는 괴로워〉 **157**
  3. 〈도쿄 러브스토리〉를 통해 본 20세기 후반 도쿄의 도시미학 **160**
  4. 사라진 듯 남아 있는 것들: 광고가 기억한 '이키' **166**

## 5장   21세기 에도도쿄로의 도시재생과 '모던 이키즘' **169**

  1. '쿨 재팬' 프로젝트와 '이키' **169**
  2. '일본박' 프로젝트와 〈히노요진〉의 '이키', '이나세' **173**
  3. 도쿄의 중심으로 돌아오는 시타마치 **176**
  4. 도쿄올림픽과 '모던 이키즘' **185**

## 6장   한국 도시미학의 전개 **191**

**나가며** '이키즘'에서 바라본 도시의 감수성 **201**

**주** **206**
**참고문헌** **212**

들어가며

# 도시에서 피어난 감수성, '이키즘'을 향한 항해

일본식 정원을 바라보거나 일본의 다도를 떠올릴 때, 혹은 무인양품의 광고나 사카모토 류이치의 앨범 재킷에서, 우리는 문득 단정하고 명상적인 이러한 이미지를 '일본스럽다'라고 느낀다. 또한 화려하고 요란하게 시끌벅적하며 흐트러져 있는 것 같은 과장된 그림이나 패션에서도 우리는 '일본스럽다'라고 느낀다(이러한 느낌을 때로 '왜색倭色'이라는 부정적 단어로 표현하기도 한다). '-스럽다'라는 접미사는 명사 등에 붙어 '그러한 성질이 있음'의 뜻을 더하는 말이니 '일본스럽다'라는 것은 '일본적인 성질이 있다'라는 뜻이다.

　상반된 두 가지의 '일본스러움', '일본적인 성질'에는 각각의 이름이 있다. 조용하고 단정한 성질의 '일본스러움'은 '와비사비わびさび', 시끌벅적하고 요란한 성질의 '일본스러움'은 '이키いき'라고 부른다

(화보의 그림 1, 2를 보라). '와비사비'와 '이키'는 일본을 대표하는 미의식美意識이자 미학美學으로 세계인들에게 알려져 있다.

생각해보면 '미학'이란 단어는 참 이상하다. 감정의 움직임을 표현하는 '아름다울 미美'와 감정이 아닌 대상에 대한 이성적으로 조직된 지식의 체계를 뜻하는 학문의 의미인 '배울 학學'이 합쳐진, 정말 모순적 단어다. 이런 이상한 말이 만들어진 것은 '미학'이란 단어가 근대 초기 독일어 Ästhetik의 개념을 번역할 수 있는 마땅한 말이 없자, 일본인들이 한자를 조합하여 적당한 의미의 단어를 만들고자 하던 과정에서 생겨난 신조어였기 때문이다.

처음에는 '미학' 외에도 Ästhetik에 대응하는 여러 번역어가 있었다. 근대 일본의 유명 소설가이자 번역가이기도 했던 모리 오가이森鴎外(1862-1922)는 이를 '심미학審美學'으로 번역해 사용했다. 같은 시기의 서양철학가이자 계몽사상가였던 니시 아마네西周(1829-1897)는 '선미학善美学', '가취론佳趣論' 등으로 번역해 사용했다.

하나의 개념에 여러 개의 번역어가 존재했다는 것은 Ästhetik에 정확히 대응하는 말을 찾거나 만들기가 쉽지 않았다는 것을 의미한다. 언중言衆의 선택이었을지 아니면 다른 이유가 있었는지는 모르겠지만, 결국 Ästhetik의 번역어는 '미학'으로 귀결되었다(하지만 때때로 '심미학'이라는 말이 일본은 물론 한국에서도 사용되곤 한다). 번역어로 '미학'이 선택되었다고는 하나 여전히 미美+학學이라는 한자의 의미가 Ästhetik을 직관적으로 이해시켜줄 수 없다는 점은 바뀌지 않는다.

Ästhetik='미학'은 처음에는 단순히 감각이나 지각을 통해 얻는 인식론의 의미로 사용되었지만, 바움가르텐Alexander Gottlieb Baumgarten(1714-1762)에 의해 철학으로 확립되었고 에스테티카aesthetica(현대적 의미의 '미학')로 불리며 발전한다.[1]

일본에서 미학이라는 개념이 일반화된 것은 1899년 도쿄제국대학 문학부에 미학 강좌가 개설된 후 다른 대학에서도 미학 강좌가 열리기 시작하면서부터였다.[2] 한국의 '미학'은 일본이 Ästhetik를 받아들이고 해석한 개념을 도입하여 발전시킨 것으로, 그 시작을 1926년경으로 보고 있다.[3] 1926년은 (도쿄제대가 그러했듯) 경성제국대학에 미학 강좌가 개설된 해였다.[4]

이러한 과정을 거쳐온 '미학'에 대해 현재 일본에서는 일반적으로 ① 미의 본질이나 미의식, 미적 현상 등을 고찰하는 학문, ② '남자의 미학'과 같은 예에서 알 수 있듯이 미에 관한 독특한 생각이나 취미 등으로 정의한다. 아울러 여기서 등장하는 '미의식'은 아름다움을 수용하거나 창조할 때의 '마음의 움직임'을 뜻한다.[5] 이제부터 이 책에서 언급하는 '미학'과 '미의식'은 ①과 ②의 의미로 사용하고자 한다.

'와비사비'와 '이키'가 일본을 대표하는 미의식과 미학으로 여겨진다는 것은 일본인들이 '와비사비'스럽고, '이키'스러운 어떤 것을 '미美'라고 느끼며, '와비사비'와 '이키'의 미의식을 고찰하고 연구해왔다는 것을 의미한다.

일본이 자국의 미학을 연구하기 시작했던 것은 메이지 정부가 구시대를 타도하고 근대화를 기치로 삼아 새로운 개혁을 시작했던 1868년의 메이지유신 이후였다. 일본은 내셔널리즘을 강화하기 위해 일본이 서양에 뒤지지 않는 고급문화를 가진 문명국임을 내세울 필요가 있었다.

'미학'은 일본 문화의 우수성을 주장하기 위한 학문적 근거를 위해 연구되었다. 이에 무상無常, 아雅, 유현幽玄, 풍정風情, 풍류風流, 모노노아와레もののあゎれ, 와비사비 등의 여러 개념이 일본의 미의식으로 발견되거나 발명되었다.

'와비사비'는 고대로부터 이어진 귀족들의 미의식이었던 '모노노아와레'와 함께 지배계급이었던 무사계급의 미의식으로 인식되어, 근대 초기 메이지 시대부터 일본을 대표하는 전통 미학으로 강조되며 많은 연구가 이뤄져 왔다. 따라서 한국에서도 일본을 이해하기 위한 방법론으로 '모노노아와레'와 '와비사비'의 미학이 주로 연구되었다. 예컨대 《모노노아와레: 일본적 미학 이론의 탄생》(2016),《와비사비: 다만 이렇듯》(2022) 등 다양한 학술서와 교양서가 출판되고 있음은 물론,[6] 연구논문의 성과도 이어지며 그 이해의 폭과 깊이가 넓고 깊어지고 있다.

'이키'는 19세기부터 시작된 일반 서민 대중의 미의식이었다. 지배계급의 미의식이 아니었기에 처음부터 일본을 대표하는 미학으로 인정받지는 못했다. 지배계급이었던 귀족, 무사들의 미의식을 일본 고급문화의 총화로서 내세우는 것은 자연스럽다. 지배계급의 시각에서 보면, 정제되지 않아 거칠고 우아하지 않으며 천해 보이는 서민들의 미의식을 서양인에게 고급문화로 인정받을 수 있는 일본의 대표미학으로 삼을 수는 없었을 터였다.

도외시되던 '이키'에 일본 미학의 시민권을 부여한 것은 당대의 최신 철학이었던 하이데거의 현상학을 연구하고 돌아온, 귀족 출신이자 일본 최고의 엘리트 코스를 밟고 있던 구키 슈조九鬼周造(1888-1941)라는 철학자였다. 구키는 다른 철학자와 미학 연구자들이 연구 대상으로 삼지 않던 '이키'를 자신이 배우고 연구해온 (남들이 아직 잘 알지 못하는) 현상학적 방법론으로 해석하여 (일본이 자랑할 수 있는) '미학'으로의 가능성을 보여줌으로써 자신의 가치를 입증하고자 했다. 젊은 철학자의 패기는 1930년 《이키의 구조'いき'の構造》(岩波書店)라는 책의 출판으로 이어졌다. 이 책을 통해 서양의 최신 철학의 방법론으로 입증된 '이키'는 일본을 대표하는 미학 가운데 하나로 자리매김하게 되었다.

'모노노아와레'와 '와비사비'가 자연과의 교감을 중시하는 미학이라 한다면, '이키'는 사람과의 교감을 중시하는 미학이라 할 수 있다. '이키'를 사람들이 만들고 많은 사람(대중)이 서로 접촉하며 여러 관계를 맺게 되는 도시를 배경으로 생성된 미학, 다시 말해 '도시미학都市美學'으로 부르려 하는 이유가 여기에 있다. 도시를 배경으로 만들어진 '이키'를 이해하기 위해서는 우선 '이키'가 발생한 도시였던, 에도江戶라 불렸고 현재는 도쿄東京라 불리는 도시를 이해해야 한다. '에도'는 19세기 초에 이미 인구 100만 명이 넘어가는 도시이자 런던, 파리와 함께 세계 1, 2위의 인구수를 다퉜던 거대도시였다.

여기에 이르러 필자는 문득, 다음과 같은 가설을 전개하게 된다. ① '에도'에는 '에도'만이 가지는 특수성이 있겠지만, 대도시가 가지는 보편적 속성도 있지 않을까? ② 그렇다면 '이키'라는 미의식은 '에도'만의 특별함에서 오는 특수성과 함께 뉴욕이나 런던, 파리, 서울과 같은 대도시가 가지는 공통적 속성을 기반으로 생겨난 것은 아닐까? ③ 만약에 그렇다면 비록 명칭은 다르고, 또 완전히 100퍼센트 일치하지는 않겠지만, '이키'와 많은 교집합을 가지는 도시미학의 보편성이 있지 않을까? ④ '이키'가 보편적 미의식이라면 현재의 도쿄에서도 '이키'를 발견할 수 있지 않을까? ⑤ 또 만약에 '이키'가 일본만의 특수한 미의식이 아닌 보편적 도시미학이라면, 식민지 시대 대도시로 성장하던 경성(서울)이나 평양에서 발견되는 미의식과 미학 역시 일본으로부터 일방적으로 유입되고 이식된 피동적인 것이 아닌, 도시와 함께 성장하는 보편적이며 능동적인 도시미학으로 이해할 수 있지 않을까? ⑥ 또 만약에 그렇다면, 전 세계 대도시에서 발견되는 도시미학을 같이 비교해서 만들어지는 교집합을 확인하면 보편적 도시미학을 정의할 수 있지 않을까?

만약에서 시작해서 만약으로 이어지고 마침내 도시미학의 통일장 이론이라는 망상에 도달해버린 의식의 흐름을 잠시 멈추고 다시 생각해본다. '어찌어찌하면 ④번까지는 도착할 수 있을 것 같아. 혹시 운이 좋으면 ⑤번에도 닿을 수 있지 않을까?'

　이와 같은 무모하고도 엉성한 가설을 설계도 삼아, 얇디얇은 알량한 지식의 끈으로 미의식과 미학의 개념을 얼기설기 엮어 만든 배를 띄워보고자 한다.

　항해의 계획은 다음과 같다. '이키'에 대한 풍부하고 체감할 수 있는 이해를 위한 사전작업으로, 1장에서는 지배계급의 미학이었던 '모노노아와레', '와비사비'와 함께 구키가 해석하고 있는 '이키'를 설명하여, 일본의 3대 미학이라 불리는 '모노노아와레', '와비사비', '이키'에 대해 알려진 보편적이고 일반적인 내용을 설명하고 전달하고자 한다.

　그런데 '이키'는 인물의 매력을 표현하는 형용사에서 점차 패션, 건축, 음식, 음악 등의 문화 전반의 스타일을 표현하는 단어로 의미가 확장되어간다. 이렇게 확장된 의미의 '이키'를 이해하기에는 지금까지의 일반적이고 보편적인 '이키'에 대한 설명만으로는 부족한 점이 있다. 이를 해결하기 위해, 확장된 의미의 도시미학으로서 '이키'를 설명하기 위한 방편으로 필자는 '이키즘ikism'이라는 새로운 조어造語를 통해 확장된 의미의 '이키'를 설명해보려 한다.

　확장된 '이키', 즉 '이키즘'에 대한 이야기는 2장에서부터 자세하게 풀어갈 것이다. 이를 위해 2장에서는 에도의 도시 성립 과정과 에도 시민들의 삶의 방식 및 놀이를 통해 그들의 문화를 살펴보고자 한다. 에도의 도시공간과 문화를 이해하는 것은 '이키'로 불리는 도시 감성의 미의식이 어떻게 형성되었는지, 또 '이키'가 현대의 보편적 도시 감성의 미의식과 어떠한 공통점을 지니는지, 또 '이키즘'으로 어떻게 확장되어갔는지를 이해하는 데 도움이 될 것이다.

3장에서는 '이키'가 발현되었고 '이키즘'으로 확장되어갔던 에도의 특수공간이었던 유곽과 극장에 대해 알아보고자 한다. 유녀들의 미의식이 어떻게 '이키'로 발현되었고 이윽고 저잣거리로 흘러가 유행하게 되었는지, 또한 가부키歌舞伎로 불리는 무대예술이 상영되던 상설 극장에서 현실의 불만과 괴로움을 해소하던 에도 시민들의 문화가 어떻게 '이키'와 맞닿게 되었는지에 대해 구체적인 예를 통해 설명한다.

메이지유신 이후, 근대 일본의 이데올로기는 일본의 정신에 서양의 기술을 익히겠다는 화혼양재和魂洋才를 넘어 모든 것을 서구화하겠다는 탈아입구脫亞入歐로 이어졌다. 이윽고 일본의 근대 예술과 미학은 서양 근대 예술과 서양의 최신 미학사조와 연동된다. 공간은 그대로였지만, 에도는 도쿄로 바뀌어갔다. 4장은 근대화 이후, 서양의 미학사조가 주류를 이루게 된 도쿄의 공간과 문화 속에서 '이키즘'이 어떻게 작동하고 있었는지를, 당시를 대표하던 영화와 드라마를 통해서 확인하는 공간이 될 것이다.

5장은 21세기에 펼쳐지는 도쿄의 새로운 '이키즘'에 관한 이야기다. 활기찼던 20세기 도쿄는 100여 년이 지나 이윽고 늙어버렸고, 도시에 젊음을 불어넣기 위한 도시재생 프로젝트가 가동되기 시작한다. 도쿄 재생의 방향은 서구화만을 추구하던 20세기와는 달리 전통과의 융합으로 결정되었다. 1993년에 개관한, 에도 시대에서부터 쇼와(1926-1989) 시대에 이르기까지의 도쿄의 풍경들을 재현하고 당시의 문화를 전시하는, 박물관은 '에도도쿄박물관'으로 명명되었다. 에도와 도쿄는 단절의 시기를 거친 후 다시 '에도도쿄'라는 이름으로 이어지게 되었다.

2020 도쿄올림픽을 목표로 국가 소프트파워 강화를 위한 '쿨 재팬COOL JAPAN' 프로젝트, '일본박日本博' 프로젝트는 에도를 소환하는 지렛대가 되었다. 도쿄의 중심은 도쿄타워를 둘러싼 빌딩 숲에서 다시 옛 에도 서민들의 중심지였던 시타마치下町로 돌아오게 되었다. 도쿄는 에도도쿄로 재생되고 있는 것이다.

어쩌면 에도와 도쿄는 처음부터 분리되지 않았을지도 모른다. 시대에 뒤떨어진 예스러움, 노스탤지어의 미학으로 남겨져 있던 '이키즘'은 시대의 흐름을 타고 21세기의 에도도쿄에 어울리는 새로운 미학적 모티브로 사용되기 시작한다.

앞서 '이키'와 '이키즘'의 구별을 위해 21세기에 다시 주목받게 된 새로운 '이키즘'에 대해 '모던 이키즘'이라는 또 하나의 조어를 만들어 부르고자 한다. '모던 이키즘'이 어떠한 형태로 표현되는지에 대해서 일본의 국가정책과 영화, 드라마 등의 예시를 통해 설명할 것이다.

현재까지의 '모던 이키즘'의 방향과 앞으로의 방향을 예측해보며, 한 번 잊혔다 새로이 발견된 '이키즘'이 앞으로도 일본의 미를 대표하는 키워드로 사용될 것임을 확인한다.

마지막 6장에서는 앞서 세웠던 전 세계의 보편적 도시미학이라는 마지막 가설의 가능성을 시험해보기 위한 첫걸음으로, 우리나라의 근대 초기 도시미학을 문학작품을 통해 확인해보고 도시적 감성이 커져가던 '모던경성'의 시대에서 '이키즘'과 교집합을 보이는 미의식이 존재하는지 확인하고자 한다.

미에 대한 설명과 분석이라니, 수레 앞에 맞선 사마귀처럼 가소롭기 그지없다. 하지만 수레와 맞선 사마귀는 수레바퀴에 자국이라도 남길 것이다. 그저 한 발짝이라도 미의 본질에 다가갈 수 있다면, 수레바퀴에 붙은 자국이 될지언정 이 또한 의미 있는 일이 되지 않겠는가.

그럼, 항해를 시작하자.

# 1장

# 일본의 3대 전통 미학
## 모노노아와레, 와비사비 그리고 이키

자연과의 교감에서 비롯한 미학이 '모노노아와레'와 '와비사비'라면,
'이키'는 인간 사이의 교감에서 비롯한 미학이라고 할 수 있다.

## 1. 귀족의 미의식 '모노노아와레'

일본의 미학에 대해서 논할 때, 혹은 일본적인 어떤 것을 설명할 때, '반드시'라고 해도 좋을 정도로 등장하는 것이 '모노노아와레もののあわれ'라는 개념이다. '모노노아와레'란 헤이안 시대(794-1185)에 제시된 문예이념으로, 대개 대상에 대한 공감을 바탕으로 한 애정과 배려, 연민, 동정 등의 감정을 느낄 때 얻어지는 미적 쾌감으로 정의된다.[1] '아와레'는 원래 감동을 나타내는 영탄사詠歎詞였으나

점차 독특한 우아함의 미를 지칭하는 개념으로 의미가 확장되어간다. '모노노아와레'를 귀족적 '우아미優雅美'라고 설명하는 것은 일본의 귀족문화에서 발현한 미학이기 때문이며 애상적 분위기를 그 특징으로 한다.

객체에 대한 공감이라는 이 모호한 관념이 일본을 대표하는 미학으로 발전하게 된 것은 순수한 미학적 요소만이 아닌, 일본만의 아이덴티티를 강조하는 내셔널리즘적 학문인 '국학國學'의 역할이 컸다. 국학은 일본 에도 시대(1603-1868)에 성립된 학문이다. 에도 시대에 접어들며 비약적인 경제 및 문화 발전을 이룬 일본은 민족주의적 사상이 강조되기 시작한다. 국학은 일본 고유의 사상을 강조하며 이에 비례하여 중국과 인도에서 유입된 유교와 불교를 일본에 맞지 않는 외래사상으로 규정하고 이를 배제하고자 한 학문 체계다.

따라서 국학의 이상향은 불교와 유교가 일본에 유입되기 이전의 옛 일본이 된다. 국학은 옛 일본의 것을 연구하기 위해, 신라의 이두문자처럼 한자의 음을 빌린 가차문假借文으로 이루어져 당시에도 해독이 어려웠던 옛 역사서, 시, 소설 등 텍스트의 문헌 고증을 중시했고, 이러한 실증주의적 방식이 학문체계의 기본이 되었다. 국학은 에도 시대의 상공인과 지주층의 지지를 받아 성장해갔으며 천황을 숭배하는 존황사상으로 이어져 메이지유신 이후의 근대 일본에 막대한 영향을 미치는 사상체계가 되었다. 국학의 실증주의적 연구방법론은 현재까지도 일본의 국어학, 국문학, 역사학, 지리학 등에 있어서 지대한 영향을 주고 있다.

에도 시대의 대표적 국학자로는 모토오리 노리나가本居宣長(1732-1801)를 꼽을 수 있다. 바로 이 노리나가가 '모노노아와레'가 일본을 대표하는 미의식임을 주장한 대표적 인물이었다. 귀족문화가 융성했던 헤이안 시대를 배경으로 하는 무라사키 시키부紫式部의 장편소설 《겐지 이야기源氏物語》(11세기 초)가 '모노노아와레'를 가장 잘 표현하고 있는 소설이라고 노리나가가 평했다는 것은 널리 알려진 사실이다.

《겐지 이야기》는 천황이었던 '기리쓰보테이桐壺帝'가 미천한 신분이었던 후궁 '기리쓰보노 코이桐壺更衣'를 총애하여 '겐지源氏'가 태어나지만 출산 과정에서 '기리쓰보노 코이'는 죽고 '겐지'는 어머니 없이 자라난다는 이야기로 시작한다. 주인공 '겐지'를 통해 당시 일본 귀족사회의 연애, 출세와 몰락, 권력투쟁 등을 일본의 정형시인 와카和歌와 함께 그려간 《겐지 이야기》는 노리나가의 '모노노아와레'론을 시작으로 하여, 일본문학사에 가장 중요한 고전古典으로 자리잡게 된다.

그런데 《겐지 이야기》에는 '겐지'가 아버지의 후궁인 '후지쓰보藤壺'와 사랑을 나누고 둘 사이에서 태어난 아들이 천황의 자리에 올라 '레이제이테이冷泉帝'가 된다는 에피소드가 있다. '후지쓰보'가 죽은 '겐지'의 모친인 '기리쓰보노 코이'와 똑같이 생겼다고 하는 오이디푸스 콤플렉스적인 장치를 두었다고 하더라도 동서고금을 막론하고 많은 논란이 생길 수밖에 없는 내용이다.

《겐지 이야기》 전문가인 김정희에 의하면 '겐지'와 아버지의 후궁인 '후지쓰보'와의 사랑은 헤이안 시대 당시에도 불미스러운 사건이었으며, 이러한 일을 일컬어 남녀 사이의 밀통 등의 부정적인 의미를 가진 '모노노마기레ものの紛れ'라는 단어로 불렀다고 한다.[2] '모노노마기레'를 유교적으로 표현한다면 '불륜'이 될 것이다.

그런데 노리나가는 유교가 인간의 감정을 억압한다는 점을 비판하며 그 안티테제로 유교가 일본에 유입되기 이전, 인간의 감정을 자유롭게 표현하는 것을 인정하던 옛 일본을 이상향으로 삼았다. 따라서 노리나가가 옛 일본인의 아름다운 정서, '모노노아와레'가 담겼다고 주장한 《겐지 이야기》는 비판받을 곳이 없는 완벽한 캐논, 정전正典이어야 했다. 노리나가는 '겐지'와 아버지의 후궁, 즉 어머니의 위치에 있던 '후지쓰보'와의 '모노노마기레'(모자상간이라는 불륜 중의 불륜) 장면에 대하여, 이는 어디까지나 허구 속의 일이며 이러한 장면이 그려진 것은 대상에 대한 공감을 바탕으로 한 애정과 배려, 연민, 동정 등의 감정을 나타내는 '모노노아와레'를 더욱 잘 표현할 수 있는 일종의 장치일 뿐 불륜을 묘사한 것이 아니라고 주장한다.

노리나가를 비롯한 여러 뛰어난 국학자들에 의해 국학의 영향력은 대단히 커졌지만, 그 힘이 유교적 윤리를 완전히 단절시킬 정도에 이르지는 못했다. 《겐지 이야기》의 '모노노마기레', 즉 불륜 장면에 대한 논란은 노리나가의 변호에도 불구하고 《겐지 이야기》의 위상이 높아질수록 더욱 커져만 갔다.

　메이지유신 이후, 군국주의의 길로 들어선 근대 일본에 있어 내셔널리즘의 강화는 필수적으로 수반되어야 했고, 국학은 이를 위한 학문적 바탕이 되어 이데올로기가 되어간다. 그런데 근대 일본은 국학이 강조되는 동시에 유교적 도덕관도 유례없이 강조되던 기묘한 시대였다.

　일본문학사의 기틀을 잡았던 하가 야이치芳賀矢一는 (따라잡아야 할 유럽의 선진) 독일 문헌학의 방법이 국학의 방법론과 유사하다는 점을 발견하여, 독일 문헌학과 같은 일본 문헌학을 수립할 것을 제창했다.[3] 동시에 하가는 메이지 시대의 엘리트로서 유교적 덕목 역시 버릴 수 없었고, 국학과 유교 사상 사이에서 《겐지 이야기》의 가치를 잃게 하지 않으려 노력한다. 결과적으로 《겐지 이야기》는 '모노노아와레'가 잘 나타난, 하지만 그 속에 그려진 불륜적 내용은 서양의 노블noble과 같은 소설이라는 해석으로 재탄생한다.

　하가는 헤이안 시대의 귀족을 넘어 이후 중세 시대의 무사계급도 '모노노아와레'의 마음을 가지고 있었다고 하며, "일본인의 무사도는 서양의 기사도처럼 여성을 숭배하는 대신 자연의 꽃을 사랑하고, 모노노아와레를 이해하는 것이다"라며, '모노노아와레'를 무사도에 연결시키기도 했다.[4]

세계에 자랑할 수 있는 일본 문학과 문화의 금자탑이라는《겐지 이야기》의 머리 위 월계관은 여러 가지의 비난과 옹호를 거치면서도 벗겨지지 않았으며, '모노노아와레' 역시 일본 미학의 정수精髓로 남는다.

내셔널리즘은 대개 미학적 의식을 기반으로 성립한다.[5] 일본의 군국주의가 더욱 심화되던 1937년, 메이지유신 이후 유입된 서양의 사회주의와 민주주의, 개인주의 등의 이념을 배격하고 오직 천황에의 절대복종을 강요하는 이른바 '국체론國體論'이 등장한다. 그리고 이 국체론을 해설하기 위한《국체의 본의 해설총서国体の本義解説叢書》가 문부성을 통해 간행된다. 이 책을 통해 당시 도쿄대 교수였던 히사마쓰 센이치久松潛一는《겐지 이야기》에는 '모노노아와레'뿐만 아니라 '야마토혼大和魂'이라는 단어도 처음으로 등장한다는 점을 들어《겐지 이야기》의 정신인 '모노노아와레'는 일본 문학의 정신이자 '야마토혼', 즉 '일본정신日本精神'이기도 하다고 주장한다.[6]

어지럽게 확장되어간 '모노노아와레'라는 추상명사의 의미를 요약해보면 다음과 같다. 인간의 본성은 본디 악하기에 이를 통제하고 가르치기 위해서 예禮와 법法이 필요하다는 순자荀子의 주장은 유교의 핵심 논리 가운데 하나다. 노리나가는 일본인에게는 자연과의 '공감을 통한 애정과 연민'이라는 악하다고 할 수 없는 감정이 있으므로 인간의 감정을 통제하고자 하는 유교의 논리가 일본인과 맞지 않는다고 주장한다. 중국에는 없는, 자연과 공감하는 이러한 일본인만의 감정이 '모노노아와레'며 이는 일본인만의 미학이다. '일본인만'으로 한정시켰기에 '모노노아와레'는 단순한 미학 개념을 넘어 일본 그 자체의 대유代喩로 사용될 수 있었으며, 그 가능성은 근대 일본 군국주의의 필요에 따라 '일본정신'으로까지 의미가 확장되는 결과를 가져왔다.

'모노노아와레'는 시대적 필요성에 의해서, '공감을 통한 애정과 연민'에서 오는 미적 쾌감에서 '국체', 즉 일본 그 자체를 상징하는 개념으로까지 의미가 확장되었지만, 당연하게도 일본인만이 자연과의 '공감을 통한 애정과 연민'을 느낄 수 있는 것은 아니다. 꽃이 피고 지고, 비가 내리고 해가 뜨는 자연의 움직임에 대해 아무런 감흥을 느끼지 못하는 사람에게 우리는 감정이 메말랐다고 힐난하고는 한다. 여기서 말하는 우리는 일본인만이 아니다. 세계 어느 나라 사람이라도 계절의 변화를 느끼고 감탄하며 시를 짓고 노래를 부르며 그림을 그리고, 여름 한 철 울다가 죽은 매미를 보고 슬퍼할 수 있는 감수성을 가지고 있다. '국체'가 상상의 공동체였듯, 인류의 보편적 감정을 유교에 대한 안티테제로서 발견하고 일본인만의 미학으로 삼아버린 이 논리적 오류로 생겨난 '모노노아와레' 역시 실체가 모호한 환상의 미학이라고 말한다면 지나친 것일까.

'모노노아와레'는 보편적 감정이기 때문에 지금도 일본만이 아닌 세계 각국에서 《겐지 이야기》가 연구되고 독자들에게 감동을 주고 있는 것이다.

## 2. 무사의 미의식 '와비사비'

'모노노아와레'는 조선시대와 일제강점기의 한국 미학을 논할 때에도 거론될 수밖에 없는 미의식이기도 하다. 일본의 귀족학교인 학습원學習院 고등부 출신으로 재학 중에 만든 문예지인 《시라카바白樺》를 중심으로 '시라카바파'라는 문예사조를 만들기도 한 미술평론가 야나기 무네요시柳宗悅(1889-1961)는 '민예民芸'라는 단어와 개념을 만들어 민예운동을 전개했다. 특히 야나기는 조선의 백자에 심취했고, 이에 따른 한국의 미에 대한 야나기의 연구는 이후의 한국 미학 연구에도 많은 영향을 주었다.

이미 많은 연구자에 의해 부정되어 지금은 거의 언급되지 않는 개념이지만, '한恨'이 조선의 고유한 미의식이며 '한'의 구체적 표현은 (흰옷과 백자 등의) 백색 선호로 나타난다는 담론의 주인공이 바로 야나기였다. 야나기의 '한'의 미학은 '비애미悲哀美'라는 단어로 설명되는데 이는 '모노노아와레'의 애상감이라는 특징과 연결된다.[7]

야나기가 조선의 백자에서 '비애미'를 발견한 것은 '모노노아와레'뿐만 아니라 '와비사비わびさび'라는 또 하나의 일본의 미의식이 작용하고 있다.[8] '와비사비'를 이해하기 위해서는 차茶와 불교, 그리고 일본 역사에서 무사계급이 문화의 중심으로 등장하게 된 시대에 대한 설명이 우선되어야 한다.

1) 와비

각종 사전류에 수록된 차의 기원에 대한 전설은 중국 신화의 삼황三皇 가운데 한 명인 신농씨神農氏가 차를 전했다는 설과 함께 중국의 불교 선종禪宗의 개조開祖인 달마대사 기원설이 유명하다. 흔히 달마대사로 불리는 보리달마菩提達磨는 인도의 승려로 중국으로 넘어와 (그 유명한) 소림사少林寺에서 9년간 벽만 보고 참선하는 면벽수행을 통해 깨달음을 얻는다. 참선 수행을 하던 중, 참을 수 없는 졸음과 싸우던 달마는 눈을 감지 않기 위해 자기 눈꺼풀을 잘라서 땅에 버린다. 그러자 눈꺼풀을 버린 곳에서 나무가 한 그루 자라난다. 그 잎을 달여 먹으니, 정신이 맑아지고 잠이 오지 않게 되었다. 마침내 달마는 졸음(수마睡魔라고 표현한다)을 이기고 용맹정진하여 깨달음을 얻게 되는데, 그 나무가 바로 차茶나무였다는 것이다.

달마대사 이외에도 중국 당나라 시대의 조주선사趙州禪師(778-897)는 찾아오는 사람마다 차나 한 잔 마시고 가라는 '끽다거喫茶去'라는 말로 화두를 던져 사람들을 깨닫게 했다는 유명한 설화가 전해져 내려오며, 2010년에 열반에 드신 '무소유' 법정 스님 역시 수행 생활 중에 차를 가까이 한 것으로 유명하다.[9] 이처럼 불교에서는 차를 마시는 행위를 선다禪茶, 다선일여茶禪一如, 다선일미茶禪一味 등으로 표현하며 참선과 같은 수행의 하나로 여긴다.

일본의 차 문화는 12세기 말에 선종 계열의 임제종臨濟宗의 법맥을 이은 에이사이 선사栄西禪師(1141-1215)가 송나라에서 차를 들여오면서 시작된다. 일본의 차 문화는 천황과 귀족의 시대가 지나고, 무사들의 문화가 중심이 되는 가마쿠라鎌倉(1192-1333), 무로마치室町 (1336-1573) 막부 시대에 본격적으로 유행하게 된다.[10]

막부 시대에 들어서자, 현재의 일본식 방의 기원이 되는 '서원조書院造' 건물이 유행하기 시작한다. 여기서 말하는 서원이란 다다미畳를 깔고 단을 높여 장식물을 놓을 수 있게 한 도코노마床の間와 미닫이문이 존재하는 양식을 뜻하는 것으로, 우리가 생각하는 학교로서의 '서원書院'과는 다른 의미다.

초창기 일본의 차 문화는 귀족들과 높은 계급의 무사들이 '서원조' 방에서 '가라모노唐物'라 불리던 중국에서 수입된 화려한 그림, 향로, 화병, 그릇, 찻잔, 문방구 등의 귀한 물건들을 감상하면서 차를 마시는 사치스럽고 화려한 문화가 유행했다. 이러한 방식의 차 문화를 '서원차書院茶'라 한다. '서원차'는 점차 누가 더 아름답고 격식 높은 (매우 비싼) '명물名物'이라 불리는 차도구茶道具를 소유하고 있는지에 대한 경쟁을 불러왔다. 이와 더불어 '서원차' 모임을 위해 꽃을 꽂는다든지, 향을 피운다든지 하는 사치스러운 퍼포먼스가 더해져, '이케바나生け花'와 '고도香道'로 불리는 일본 특유의 꽃꽂이와 향 문화로 이어진다.[11]

'서원차'의 화려함과 사치스러움은 불교에서 말하는 다선일여와 같은 담백하고 청빈한 정신 수행과는 거리가 멀었다. 때문에 '서원

은각사(銀閣寺) 경내의 서원 도진사이(同仁齋)

차'의 유행을 경계하며 불교 정신에 맞는 차 문화를 추구하고자 하는, 이른바 '와비차侘び茶'로 불리는 흐름이 생긴다. '와비'는 낙담하다, 비관하다, 곤혹스럽다, 괴롭다, 망하다, 가난해지다 등을 의미하는 말로, '와비차'란 의도적으로 스스로 부족하고 곤궁한 상황에 처하게 해서 차를 마신다는 의미다. '와비차'를 위한 다실茶室은 부족하고 곤궁함을 직관적으로 느낄 수 있도록 협소함을 추구한 결과, 그 크기는 약 1평 정도로까지 줄어들어 '무소유'를 강조하게 된다.

이러한 '와비차' 양식을 완성시킨 것은 센 리큐 千利休(1522-1591)였다. 혼란했던 16세기 후반의 센고쿠戰國 시대를 제패했던 오다 노부나가織田信長(1534-1582)와 도요토미 히데요시豊臣秀吉(1537-1598)를 모시고 차와 관련된 모든 사항을 관장했던 리큐는 차를 끓여내는 프로세스, 음용법, 차 도구의 모양, 놓는 위치 등에 관한 모든 규칙을 만들었고, 리큐가 완성한 형태를 후대에 들어 '와비차'라고 부르게 되었다. 이윽고 '와비'에는 부정적인 의미만이 아닌 의도적 부족함의 아름다움, 한적한 정취를 즐긴다는 미의식을 지칭하는 의미가 더해진다.

## 2) 사비

'사비'의 원뜻은 일본어로 같은 발음인 한자 寂, 錆와 같이, 시간이 지나서 낡아버린 모습을 의미한다. 녹슬다, 쓸쓸하다 정도의 부정적 의미에서 점차 시간이 지나 가려져 있던 내면의 본질이 표면으로 배어 나온 아름다움을 뜻하는 긍정적인 의미로도 쓰이게 되었다. '와비'에 차와 리큐가 있다면, '사비'에는 하이카이俳諧와 하이카이를 대표하는 가인歌人 마쓰오 바쇼松尾芭蕉(1644-1694)가 있었다. 하이카이는 5/7/5의 17음音으로 만들어진 정형시로, 바쇼가 완성한 하이카이의 미의식은 조용함과 또한 침착沈着해서 그윽한 풍정의 본질이 오래된 자연의 풍광에 살짝 드러나 보이는 찰나를 포착한다고 하는 한적함의 미학, 즉 '사비'였다.

한국에서도 유명한(일본 문학에 큰 관심이 없는 분들도 이 하이카이는 알고 있는 분들이 의외로 많다) 바쇼의 "오래된 못에 / 개구리 뛰어드는 /

퐁당 물소리古池や/蛙飛びこむ/水の音"라는 그의 대표 작품은 후대에 들어 풍정의 본질을 꿰뚫어 불교적 깨달음의 경지에까지 다다른 구로 평가받으며, 1806년 조정으로부터 비음명신飛音明神의 칭호를 받을 수 있게 해주었다. 〈오래된 못에〉와 같은 작품에서 보이는 적막함과 쓸쓸함, 외로움 속에서 발견된 미학을 '사비'라는 단어로 부르게 되었고, 불교의 가르침을 바탕으로 차분함을 미의식의 기본으로 삼는 등의 많은 유사점 속에서 '와비'와 '사비'는 결합되어 '와비사비'로 불리며 불완전하고 꾸미지 않는 부족함의 미학으로 완성된다.

### 3) 와비사비

'와비사비'의 미학을 설명하기 좋은 다음과 같은 리큐의 일화가 있다.[12] 리큐가 다도를 배우던 시절, 스승이었던 다케노 조오武野紹鴎(1502-1555)가 리큐에게 정원 청소를 시켰다. 리큐가 정원을 청소하러 가보니 정원은 이미 너무나 깨끗하고 먼지 한 톨 없이 완벽하게 청소가 되어 있었다. 스승의 뜻을 생각하던 리큐는 나무를 흔들어 나뭇잎 몇 장을 떨어뜨렸다. 사람들은 떨어진 나뭇잎이 있어 오히려 정원을 더욱 깨끗하고 아름답게 느꼈다.

 너무 완벽해도, 너무 부족해도 안 되는 아슬아슬한 수위의 순간, 이를 '와비사비'의 미학이라 한다. 좀더 쉬운 이해를 위해 구체적인 이미지로 설명해보자. TV나 사진으로 접했던 적이 있을 법한, 돌기둥과 자갈, 모래로 산수풍경山水風景을 표현하는 '가레산수이枯山水' 양식이라는 정원이 있다.

'가레산수이' 정원으로는 교토의 료안지竜安寺가 유명하다(화보의 그림 1에 있는 일본 정원이 바로 그곳이다). 정원에 깔린 자갈을 갈퀴로 긁어 물결에 빗댄 사문沙紋을 만들고, 마치 물 위에 떠 있는 바위처럼 사문 위에 올려둔 15개의 돌은 어디에 앉아서 보아도 반드시 하나의 돌은 보이지 않게 배치한 점이 부족함의 미학을 표현하고 있다고 하여, '와비사비'의 미학을 가장 잘 표현한 정원으로 일컬어진다. '가레산수이'는 '후루산수이故山水', '아라센수이乾泉水' 등의 단어로도 불리는데, 枯·故·乾泉이란 한자에서 연상할 수 있듯이 '가레산수이'는 시간이 흘러 오래되고 적막하고 쓸쓸한 '와비사비'의 미학과 이어지고 있음을 알 수 있다.

또 하나의 이미지를 예로 든다면, 자른 대나무를 시소처럼 사용하여 물이 차면 기울어지면서 물을 버리고, 다시 올라가는 반동으로 밑에 있는 돌에 부딪혀 규칙적으로 맑은 소리를 내는 '시시오도시鹿威し'가 있다. 조용함 속에 그 조용함을 깨는 소리가 오히려 더 조용하고 한적함을 드러낸다는 점에서 '와비사비'의 미학을 이야기할 때 자주 등장하는 이미지다. 일본의 TV 방송에서 하이카이를 다룰 때는 으레 '시시오도시'가 움직이는 장면이 등장할 정도로 클리셰가 되었다.

시시오도시. 조용함 속에 그 조용함을 깨는 소리가 오히려 더 조용하고 한적함을 자아낸다.

그런데 아이러니하게도 불완전하고 꾸미지 않는 부족함의 미학인 '와비사비'는 사실은 대단히 사치스럽고 럭셔리한 개념이다. 앞서 몇 번이나 '의도적'이라는 표현을 사용했다는 것을 눈치채셨으리라. 부족함을 추구하는 '와비사비'는 '와비사비'를 구현하고자 하는 자가 실제로는 가진 것이 많은 사람이어야 한다는 전제가 숨어 있다. 실제로는 부족한 것이 없는 자가 잠시 무소유의 자유로움을 느끼는 놀이, '와비사비'는 그 가난함을 즐기는 놀이인 것이다. 정말로 가진 것이 없는 자는 부족함을 추구하는 것이 아니라 강제당하는 것이기 때문이다.

참선(참선 수행을 하는 것을 '공부한다'라고 표현한다)을 통해 깨달음을 얻기 위한 스님들의 노력은 백척간두百尺竿頭, 용맹정진勇猛精進 등 수행의 각오를 표현하는 단어나 달마대사가 자기 눈꺼풀을 베어냈다고 하는 일화에서 보듯 상상을 초월하는 자신과의 싸움으로 점철된다. 스님들에게 있어 차를 마시는 행위란 본질적으로는 깨달음을 얻기 위한 수행의 수단에 불과하다.

'와비차'란 스님들의 치열한 수행을 흉내 내보는 것으로, 흉내를 통해 자신의 마음도 맑아지고 깨달음에 한 발짝 다가선 것 같은 착각을 느끼게 하는 스님 놀이, 다른 말로 스님 코스프레라고 이야기하면 너무 지나친 일일까. 센 리큐 역시 스님의 복장을 하고 살았지만, 출가한 스님은 아니었다.

다실은 차회茶會의 주최자가 손님에게 차를 대접하기 위한 공간이다. 다실의 공간을 1평으로까지 줄여 '무소유'를 강조한 것도 리큐였다. 리큐의 다실은 스님들이 수행하는 암자庵子를 모방한 것으로 그 다실로 가기 위해서는 '노지露地'라고 불리는, 마치 산속으로 들어온 것 같은 기분(스님들의 암자는 대개 인적이 드문 산속에 있으니)을 들게 하는 인공 숲을 지나야 한다. 다치바나 미치코의 말을 빌리면 "허구의 산속 마을의 초암을 일시적으로 일상생활 안에 만드는 것"이다.[13] 요컨대 '무소유'를 위한 다실을 가지려면 노지를 만들만한 대단히 넓은 공간의 소유자여야 하는 것이다.

'와비차'에는 '서원차'에서 선호되던, (자신을 과시할 수 있는) 명물로 불리는 화려하고 일그러짐 없는 완벽한 형태의 값비싼 중국의 다기茶器와는 반대로, 형태가 불완전하고 소박하며 검소한 다기가 어울린다고 여겨졌다. '와비차'가 추구하는, 이름난 명인이 만든 것도 아니고 완벽한 형태를 갖추고 있지도 않은 무명의 도공이 만든 소박하고 불완전한 형태의 그릇에 가장 잘 들어맞았던 것은 다름 아닌 조선의 사발이었다.

오사카에 인접한 사카이堺는 조선의 물건이 많이 수입되는 항구였다. 리큐는 이곳에서 조선의 사발을 발견하고 크나큰 감동을 받는다. 사발을 자신이 추구하는 '와비차'에 가장 잘 맞는 다기라고 생각한 리큐는 이를 도요토미 히데요시에게 헌상한다.

사발의 원래 용도는 국을 담기 위한 그릇이기에 일반적인 찻잔보다 크다. 이러한 사발은 크다는 뜻의 '오이도차완大井戸茶碗'으로 불리며 최고로 좋은 다기로 여겨지게 된다. 또한 '오이도차완'을 비롯하여 크고 작은 조선 도자기들의 전체집합은 '고라이차완高麗茶碗', 즉 고려찻잔으로 불리며 '와비차'에 가장 잘 어울리는 다기로 여겨진다. 소박하고 불완전함을 상징하는 '오이도차완'은 중국의 값비싼 '명물' 다기를 대신하여 엄청난 인기를 얻게 되었고, 아이러니하게도 '오이도차완'은 중국의 '명물'보다도 훨씬 더 엄청나게 높은 가격에 거래되는 노브랜드의 '명물'이 되었다. 이러한 '오이도차완' 중에는 현재 일본의 국보로 지정된 (원래는 이름이 붙으면 안 되는 와비차를 위한 그릇이었지만) '기자에몬喜左衛門'이라 불리는(즉 명물인) 다기가 있다.

'기자에몬'에는 다음과 같은 이야기가 전해져온다. 정유재란 즈음, 오사카의 상인인 다케다 기자에몬竹田喜左衛門은 몰락해서 유곽

오이도차완 기자에몬

에서 손님을 끄는 일을 하고, 몸에 종기가 나서 고생하면서도 자신이 가진 '오이도차완'을 품에서 놓지 않았다. 결국 기자에몬은 종기로 죽고 '오이도차완'은 번주藩主였던 혼다 다다요시本田忠義의 손에 들어가게 된다. 그런데 혼다 다다요시도 종기로 고생하게 되고, 이후로도 이 '오이도차완'을 손에 넣은 사람들은 모두 종기로 고생한다. 마지막 소유자는 당시 차의 명인으로 불렸던 또다른 번의 번주 마쓰다이라 하루사토松平治郷(1751-1818)로, 550냥(1냥의 가치는 시대에 따라 달라지나 1냥을 10만 엔으로 계산했을 때 약 6억 원 정도)을 주고 매입했다고 한다. 그런데 하루사토도 종기를 앓았고, 차완을 물려받은 장남도 종기에 걸려버렸다. 이에 아들을 걱정한 하루사토의 부인이 교토의 다이토쿠지大德寺 고호암孤篷庵에 이 차완을 기증한다. 이러한 사연으로 '기자에몬'이라고 이름이 붙게 된, 즉 명물이 된 이 '오이도차완'은 이후 일본의 국보가 된다.

불완전하고 소박하며 부족함을 추구하는 '와비사비'는 비싼 비용과 정성이 드는 사치스러운 미학이라는 점이 다시 한 번 확인되는 지점이다. 가난하고 부족한 생활을 하는 사람이 '와비사비'를 추구하는 것은 결코 아름다움의 추구와는 거리가 먼 행위가 될 것이다. 일본의 국보인 '기자에몬'이 원래의 목적대로 조선시대 평민들의 밥상 위에 올라가 있었다면, 칼의 손잡이에 많이 사용되는 홍어 가죽의 돌기와 닮았다는 뜻으로 '가이라기梅花皮'로 불리며 칭송받는 사발의 굽에 붙은 그 불완전한 형태의 돌기에 대해, 나는 그 울퉁불퉁하고 뜯긴 모습 그대로 고단하고 어려웠던 조선 평민들의 서러운 삶의 상징이었다고 말할 것이다('기자에몬'에 얽힌 종기의 일화는 다기의 굽에 있는 '가이라기'의 형태에서 연유한 것이 아닐까 상상해본다).

일본이 아예 도자기를 만들 기술이 없었기 때문에 조선의 도자기를 탐한 것은 결코 아니었다. '와비차'에 가장 잘 어울리는 것이 고려찻잔이었고, 이는 조선에서는 저렴한 막사발이지만 일본으로 건너가면 엄청난 고가의 명품으로 둔갑해버린다. 이런 고려찻잔을 (기술자를 데려와) 일본 내에서 생산할 수만 있다면, 막대한 이익을 얻을 수 있을 것이다. 고려찻잔이라는 값비싼 취미생활 도구의 생산과 판매를 통해 경제적 이익을 얻겠다는 목표는 도자기 전쟁으로도 불리는 임진왜란이 일어난 원인 가운데 하나로 꼽힌다.

임진왜란을 일으킨 원흉이라는 우리의 입장과는 달리, 일본인에게 있어서 도요토미 히데요시는 신분 상승이 극도로 어려운 당시 일본에서 농민 출신으로 시작하여 천하의 권력을 쥔 입신출세의 상징이다. 가난했던 농민 출신의 히데요시는 조선과의 전쟁을 위해 나고야에 성을 짓고 성의 다실 전체를 황금으로 만들 만큼 금을 좋아했다. 화려한 황금에 대한 히데요시의 집착은 가난했던 기억에 대한 보상작용이었으리라.

 '와비사비'는 놀이였다. 지배층 고위계급 무사들이 잠시 가난함을 느끼는 놀이, 잠깐 스님의 삶을 맛보며 속계를 떠나 깨달음의 길에 한 발짝 다가선 것 같은 착각을 하게 만들어주는 놀이로, 오직 물질적 부족함을 느낄 수 없는 소수의 지배계급만이 향유할 수 있었던 미학이었다. 가난의 기억이 있는 히데요시에게 가난함을 느끼는 것은 놀이가 아니라 고통이었을 것이다. 이런 히데요시의 차 선생으로 검소와 소박을 강조하는 '와비치'의 센 리큐를 발탁했을 때부터, 리큐의 운명은 정해진 것이 아니었을까. 고려찻잔의 붐을 일으켜 임진왜란의 단초를 만든 센 리큐는 임진왜란이 일어나기 1년 전인 1591년, 히데요시로부터 할복을 명받고 죽는다.

 히데요시로부터 권력을 가져와 새로이 에도막부 시대를 연 도쿠가와 이에야스德川家康(1542-1616)는 황금으로 상징되는 히데요시의 사치스러움과 화려함의 안티테제로 소박함과 검소함을 무사의 미덕으로 강조했다. 소박함과 검소함의 '와비사비'는 무사계급의 상식이자 도덕률이 되었다.

 '와비사비'는 지배층 무사계급의 미학이었다. 소수 지배층의 미학이 일본을 대표하는 미학이 될 수 있었던 것은 메이지 시대에 들어서며 앞서 언급한 마쓰오 바쇼의 하이카이가 국민문학으로 승격된 것에 힘입은 바 크다. 바쇼는 17세기 인물이었지만, 우수했던 그의 제자들은 공자의 제자들을 일컫는 공문십철孔門十哲에 빗대어 스스로를 쇼몬십철蕉門十哲로 부르며, 바쇼의 작품들을 정전正典으로 만들어 바쇼를 공자와 같은 성인의 반열에 올리고자 노력했다. 그 결과 바쇼는 하이카이의 절대적인 존재가 되어 신격화되어간다.

바쇼가 죽은 후, 하이카이는 시간이 흐르며 예술성은 쇠퇴하고 말장난에 가까운 언어유희로 변질된다. 이에 대한 반동으로 원래의 하이카이 정신으로 돌아가고자 하는 움직임이 생기며 다시 그를 재조명하는 바쇼 부흥운동을 통해 바쇼의 격은 더욱 높아지게 된다.

바쇼의 기행문인 《오쿠노 호소미치奧の細道》(일본 동북지방으로 올라가는 좁은 길이라는 뜻)(1702)가 일본 근대 국어교육의 교재로 사용되자, 바쇼 문학은 고전古典으로서의 지위를 얻게 된다. 이에 따라 무사들의 미학이었던 '와비사비'도 '모노노아와레'와 함께 일본을 대표하는 미학으로서 자리잡는다. 그리고 '모노노아와레'와 마찬가지로 '와비사비'도 군국주의를 향한 내셔널리즘의 미학적 기반이 되어, 일본의 고유성·우수성을 강조하는 이데올로기로 작용하게 된 것이다.

21세기에 들어서서도, 미니멀리즘과의 상호작용을 통해 '와비사비'는 일본적 미니멀리즘의 중요한 요소로 사용되고 있다. 한국에서도 인기가 높은 브랜드인 '이름이 없다', 즉 노브랜드라는 뜻의 '무인양품無印良品'은 '와비사비'의 미학을 현대적으로 가장 잘 표현하고 있는 브랜드 가운데 하나로 손꼽힌다. '무인양품'은 주로 생활

잡화와 의류, 가전제품 등을 중심으로 판매하는 회사로 현재는 주택으로까지 사업을 확장시켜 '무인양품'만의 라이프스타일을 제안하고 있다. '무인양품'의 디자이너들은 '와비사비'의 미학을 현대적으로 해석해서 제품에 적용하는 프로젝트를 진행 중이며. 이를 상징하는 것이 '무인양품'의 캠페인 포스터(화보의 그림 1을 보라)에 내세운 현존하는 가장 오래된 다실인 도진사이同仁齋(엄밀히 말하면 앞서 설명한 것과 마찬가지로 도진사이는 '와비차'가 아닌 '서원차'를 위한 공간이기는 하지만)다(27쪽의 그림도 보라).[14]

무인양품을 대표하는 디자이너 가운데 한 명인 하라 겐야原研哉(1958-) 역시 일본의 다실에서 많은 영감을 받았다는 사실은 널리 알려져 있으며, 무인양품의 디자인이 절제, 미완성, 반인공, 무계획의 미를 강조하는 것은 다실로 상징되는 '와비사비'의 미학을 베이스로 하고 있기 때문이라는 분석이 나오는 것도 이러한 이유다.

사족이지만, 무소유의 '와비차'를 위한 찻잔들이 고가였듯, 비어 있고 절제되어 있는 디자인의 무인양품의 상품들 역시 비슷한 아이템을 다루는 다이소와 비교해서 (고려찻잔만큼의 고가는 아닐지라도) 결코 저렴하지 않은 것도 흥미롭다.

## 3. 서민의 미의식 '이키'

서양의 침입이 거세지던 19세기 말, 격랑의 시대를 틈타 변방 중의 변방이었던 조슈번長州藩과 사쓰마번薩摩藩 등의 번들이 연합하여 에도막부를 무너트리고 1868년에 새로운 혁명정부를 세운 사건을 메이지유신이라 한다. 메이지유신은 에도막부의 입장에서는 서양의 위협을 구실로 한 조슈·사쓰마 연합의 쿠데타였다. 조슈·사쓰마 연합은 자신들의 쿠데타에 정당성을 부여하기 위해 에도막부는 앙시엥레짐으로, 에도 시대의 문화는 타락하고 퇴폐한 문화로 낙인찍고 이를 개혁의 대상으로 삼아야 했다.

조슈·사쓰마 연합은 쿠데타의 정당성을 만들기 위해 에도 문화를 부정해야 했지만, 동시에 일본이 유럽 각국에 못지않은 고급문화를 가지고 있는 문명국임을 내세워야만 했다. 또한 서양에 대한 열등감을 극복하기 위해 서양 문화를 따라가려 노력하는 동시에 내셔널리즘을 강화하기 위해 일본 국민에게 일본 문화의 우수성도 강조해야 했다. 근대 일본은 서양에 대한 열등감과 우월감이 동시에 표출되는 모순되고 혼란스러운 콤플렉스의 시대였다.

서양에 대한 콤플렉스는 근대 이후에 만들어진 일본의 예술·문학·문화사에도 또렷이 반영되어간다. 고전문학 작품들이 어떠한 정치적 과정을 통해 캐논, 즉 정전으로 선택되어 일본문학사에 새겨지게 되었는지를 고찰한 《창조된 고전創造された古典》(新曜社, 1999)

은 서양 콤플렉스가 일본 고전문학사에 가져온 결과에 대해 철저하게 분석하고 있다.

《창조된 고전》에 따르면, 메이지 시기의 문학 엘리트들은 중국의 문학은 호방하고 웅장하며, 서양 문학은 정교하다. 그리고 일본 문학은 이들에 비해 '우미優美하다'라는 특징이 있다고 결론 내린다.[15] '우미'는 문학사의 기준이자 프로파간다가 되었고, 이 기준을 통과한 작품들만이 문학사의 정전으로 자리잡게 된다. '우미'라는 개념은 문학을 넘어 예술 및 문화 전반에 걸쳐 (고급) 서양 문화에 견줄 수 있는 수준인지에 대한 척도가 되었다. '우미'는 절대적인 것이 아닌 서양 문학에 대한 상대적 기준이었다. 따라서 서양인의 눈으로 봤을 때 '우미하다'라고 할 수 있는지가 가장 중요하다.

문제는 서양인의 눈이라는 것도 어디까지나 일본인이 생각하기에 이 정도면 서양인들이 좋아할 것이라고 상상한 임의적 기준이었다는 것이다. 이 '우미하다'라는 특징에 가장 잘 어울리는 작품이 귀족적인 우아미의 '모노노아와레'를 그린 《겐지 이야기》임을 앞서 설명했지만, 근대 초기의 일본에서는 《겐지 이야기》조차 '우미하다'라는 기준에 적합한 작품인지 아닌지, 다시 말해 서양인들이 과연 '우미'하다고 바라볼지 아닐지에 대한 논란이 있었다.

일본 국학 연구자인 배관문에 따르면, 헤이안 시대에 생겨나 주로 무사계급의 애호를 받으며 에도 시대에는 막부의 무가식악武家式樂으로까지 지정되어 그 지위를 공고히 했던, '와비사비'의 미학을 보여주고 있다고 일컬어지는 일본 전통 가면극 노能는 메이지유신 초기에는 이를 "외국인에게 부끄러운 풍속이라 하여 교화와 단속의 대상"이 되었다.

서양인에게 보여주기 민망한 부끄러운 풍속이라고 여겨졌던 노는 일본의 사절단이 유럽에 가서 오페라를 보고, 오페라에 견줄 수 있는 무언가를 찾다가 새로이 발견된 '창조된 전통'이었으며, 이후 노는 고상하고 '우미'한 일본의 오페라가 되었다. 또한 노를 무대예술로 완성시켰다고 일컬어지는 제아미世阿弥는 일본의 바그너로 불리며 일본문학사의 시민권을 획득한다.

무사계급의 보호를 받던 노와 비교할 때, 에도 시대 무대예술의 꽃은 단연코 가부키歌舞伎였다. 상설 극장에서 많은 평민 청중을 상대로 펼치는 대중연극이었던 가부키는 상업적으로도 큰 성공을 거두며 에도 평민문화의 중심이 되었다. 메이지유신 이후 가부키도 평민들의 높은 인기를 바탕으로 노가쿠能楽처럼 일본의 국민예술로 자리매김하고자 노력한다. 이에 대해 노가쿠계에서는, 가부키는 고상하고 '우미'하지 못할 뿐만 아니라 "음탕하여 귀인들이 감상할 만한 것이 못 되는" 것으로, 결코 노가쿠와 같은 수준에서 서양인에게 자랑할 만한 것이 되지 못한다고 주장하기도 했다.[16]

에도 중기 이후, 일본 문화의 중심은 평민들의 문화로 옮겨간다. 메이지의 새로운 권력이 '우미'하지 않은, 타락하고 퇴폐한 문화라고 지칭한 것은 바로 이 평민들의 문화였던 것이다. 에도 시대의 평민문화가 어떻게 얼마만큼 발전했는가에 대해서는 다음 장에서 자세히 설명할 것이지만, 가부키의 경우에서 보듯, 대중문화의 발전이라는 측면에서 본다면 에도 문화는 활기 넘치고 화려했다.

난숙했던 에도 평민문화에서 멋지고 세련되었음을 의미하는 새로운 단어가 만들어졌다. '이키'였다.[17] '이키'의 일본어 표기는 '粋'와 'いき'를 혼용하나 에도의 미학을 설명하는 데에서는 'いき'로 표기하는 경향이 강하다. '우미'함이 (고급)문화의 기준이 되었던 근대 일본에서, 구키 슈조라는 젊은 철학자는 저속하다고 여겨지던 에도 평민문화인 '이키'에 주목하여, 이를 '모노노아와레', '와비사비'와 같은 일본을 대표하는 미학으로 자리매김하고자 했다.

구키의 부친은 메이지 시대를 대표하는 문부관료로 남작의 칭호까지 받았던 귀족이었다. 구키 역시 일본 최고 명문인 제일고등학교를 졸업하고 도쿄대학 철학과에 입학, 프랑스와 독일로 유학을 가 하이데거에게서 현상학을 배우고 돌아온 후 교토대학에서 문학박사학위를 받고 교수로 재직한다. 현재 우리가 하이데거의 Existenzialismus를 실존주의實存主義라고 쓰고 있는 것은 구키가 현실적 존재現實的存在를 줄여서 실존實存으로 번역한 것에 기인한다.

저평가되던 에도 시대 피지배계급의 대중문화 개념이었던 '이키'가 일본의 미의식으로 시민권을 얻게 된 것은 역설적으로 엘리트 철학자인 구키가 당시 최첨단의 서양철학적 기법을 구사하여 '이키'를 고찰했기 때문이다. 구키가 쓴 《'이키'의 구조》가 출판되었

던 1930년에는 연구의 대상이 되었다는 것만으로도 화제가 되었던 '이키' 연구는 에도 대중문화의 이해 및 연구의 깊이와 비례해서 심화되어간다. 1979년《'이키'의 구조》가 문고본으로 재간행될 때에 맞춰 평론가인 야스다 다케시安田武와 프랑스 문학 전공자인 다다 미치타로多田道太郎에 의한 평론서《《'이키'의 구조》를 읽는다《'いき'の構造》を読む》가 간행되어 '이키'에 대한 논의가 심화된다.

세계적으로도 '이키' 연구는 활발히 이루어지고 있어 2009년에는 타이완에서《'이키'의 구조》의 번역서인《粹的構造》가 간행되었으며, 미국에서는 2011년《Reflections on Japanese Taste: The Structure of Iki》라는 제목으로 번역서가 간행되어, '이키'에 대한 이해가 '모노노아와레', '와비사비'에 버금가는 수준으로 올라오고 있다. 한국에서도 2001년 번역서《이키의 구조》가 출판되었지만,[18] 후속 연구는 부족한 상황이다.

명저로 일컬어지는《이키의 구조》지만 기본적으로 논문에 첨삭을 가해 엮어낸 연구서다. 책의 목차가 "1. 서설, 2. '이키'의 내포적 구조, 3. '이키'의 외연적 구조, 4. '이키'의 자연적 표현, 5. '이키'의 예술적 표현, 6. 결론"인 것을 보더라도 논문 형식이다. 미학을 연구하는 책의 목차가 이렇게까지 미의식이 결여될 수 있다니! 하지만 그만큼 그 시대에서 '이키'를 논하는 것이 도전적인 과제였다고 해석할 수 있는 반증이기도 하다.

## 1) '이키'의 내포적 구조

이제 《이키의 구조》에 나오는 '이키'에 대한 구키의 고찰을 따라가 보려 한다. 구키에 따르면, '이키'의 내포적 구조는 남녀 간의 사랑의 관계에서 형성되는 개념으로 이루어져 있으며, 구체적으로 비타이媚態, 이쿠지意気地, 아키라메諦め의 세 가지 징표를 제시한다.

구키는 첫 번째 징표인 '비타이'에 대해 일원적인 자기가 자기에 대한 이성異性을 조정措定, 즉 명백히 규정하고 자기와 이성 간의 가능성 관계를 구성하는 이원적 태도라고 정의한다. 평론서인 《이키의 구조를 읽는다》에서 다다와 야스다는 구키가 '이키'에 대해 이야기하고 싶었던 가장 근본적인 콘셉트로 '비타이'의 정의를 들고 있다.[19] 구키는 '비타이'를 정의한 후, "남녀 관계가 이루어져 긴장감이 떨어진다면 '비타이'는 소멸한다. '비타이'는 이성의 정복을 가상적 목적으로 하여, 목적의 실현과 함께 소멸하는 운명을 가진다"라는 설명을 덧붙였다.

구키의 설명이 오히려 더욱 '비타이'를 어려운 개념으로 만들고 있지만, 요컨대 '비타이'란 이성에 대한 섹스어필이다. "가능성 관계를 구성하는 이원적 태도"란 남녀 간의 성적 매력은 긴장감 속에 존재한다는 뜻으로 흔히 쓰는 말로 남녀 간의 밀고 당기는 긴장 관계, 요사이 말하는 '밀당'이라는 말로 설명이 가능하다. 다시 말해 '비타이'란 관계를 맺기까지의 성적 유혹과 밀고 당기는 긴장감 속에서 서로를 당기려 하는attract 현상 체험의 개념어라고 해석할 수 있을 것이다.

'이키'의 두 번째 징표인 '이쿠지'는 의지, 고집, 억지, 허세, 강한 척 정도로 번역이 가능한 개념이다. 구키는 '이쿠지'를 에도 토박이, 즉 에돗코江戸っ子의 기개로 설명한다. '이쿠지'는 바닷가 특유의 거칠고 폭력적인 남성미를 강조한다. 여성이라 할지라도 자신이 사랑하는 남자를 위해서 그 대상이 무사든 부자든 간에 상관없이 기개 있게 자신의 의지를 관철하고자 하는 것이 '이쿠지'며, 이는 에돗코의 프라이드였다. 구키는 육체적인 섹스어필에 방점이 놓인 '비타이'에, 성취를 위한 에돗코 특유의 정신세계인 고집과 기개, 즉 '이쿠지'가 더해져 '이키'는 미학으로서 성립할 수 있게 되었다고 논한다.

'비타이'가 이성을 당기는 행동이라면, '이쿠지'는 이성을 (사랑을 관철하기 위해) 밀어내는 현상 체험이다. 이성 간의 밀고 당기는 '비타이'와 '이쿠지'의 긴장 관계를 통해 비로소 '이키'는 미의식으로 성립할 수 있게 되었다고 이해할 수 있다.

'이키'의 세 번째 징표는 포기, 체념 정도로 번역할 수 있는 '아키라메'다. 구키는 '아키라메'란 촌티를 벗어 산뜻하고, 깔끔하며, 질척거리지 않는 해탈의 경지에 이른 마음이라고 정의한다. 진심으로 사랑했던 사람들에게 몇 번이나 배신당하는 경험 속에서 사랑에 집착하고 괴로워하던 순박했던 마음이 단련되어, 떠나간 사랑에 미련을 갖지 않고 깔끔하게 포기할 수 있는 경지에 오른 것을 촌 티를 벗고 도시적인 세련됨을 갖추게 된 것으로 여기고 이를 '아키라메'라는 단어로 표현한다.

(유행가 가사 같지만) 얼마나 많은 사랑을 해야 이별에 세련될 수 있을까. '아키라메'는 여성의 자유연애를 전제로 한다. 여성의 자유연애는 근대에 들어서야 수용되기 시작하는 개념이다. 자유연애를 전제로 한 '아키라메'라는 개념이 어떻게 에도 시대에 존재할 수 있었을까. 구키는 다음과 같은 기묘한 문장을 이어간다.[20]

> 이성간異性間의 통로로서 설치되어져 있는 특수한 사회의 존재는, 사랑의 실현에 관해서 환멸을 느끼는 경험을 하게 될 기회가 많다.

"이성 간의 통로로서 설치되어져 있는 특수한 사회"라는 모호한 표현을 두 글자로 줄이면 '유곽'이 된다. '와비사비'의 공간이 차를 마시는 다실이었다면, '이키'의 공간은 술을 마시는 유곽이었던 것이다. 유곽이 문화의 중심이었다니, 우리나라 사람들의 상식으로는 이해하기 어려운 현상일 것이다. 하지만 분명 유곽은 에도 시대 평민문화의 중심 가운데 하나였다. 메이지 시대의 엘리트들이 에도의 대중문화를 서양인들에게 감추고 싶은 저속한 문화라고 여긴 것도, 그들의 입장에서 본다면 어느 정도 이해가 가는 면이 없지 않을 것 같다.

에도 시대의 문화와 공간에 대한 자세한 설명은 다음 장에서 이어가도록 하고 다시 구키의 '이키'로 돌아가면, '이키'란 '비타이', '이쿠지', '아키라메'의 세 가지 내포적 징표를 갖는 '긴장감 있는 세련된 성적 매력'으로 정의할 수 있다.

구키는 당대의 초엘리트였지만 아직 입지는 약했던 젊은 철학자였다. 그리고 당시의 일본인들은 '이키'의 주요한 공간 가운데 하나가 (저속한) 유곽이었음을 알고 있었다. 구키는 이러한 '이키'를 일본의 '우미'한 미의식 가운데 하나로 자리매김하게 하고자 시도했던 것이다. 이를 성공시키기 위해 구키가 택한 전략은 현란한 최신 철학 용어와 현학적인 표현으로 '이키'를 분식扮飾하고 '이키'의 의미를 유곽과 유녀에 한정 짓지 않으며, 남성의 세련된 행동이나 일상생활 공간의 세련됨 등을 나타내는 하나의 보편적 미학으로 확장시켜나가는 것이었다.

예를 들어 구키는 화려한 색채는 '이키'와는 거리가 멀며, 여러 가지 색채가 섞인 것이 아닌 백차색白茶色, light brown과 같은 단순한 색일 것이라고 단정 지으며 '이키'를 형용사로 확장시킨다.[21] 이러한 시도를 통해 '이키'는 '이키'스러운(세련되고 섹시한) 색채, '이키'스러운(세련되고 섹시한) 물건, '이키'스러운(세련되고 섹시한) 행동, '이키'스러운(세련되고 섹시한) 사람 등의 미학적 개념으로 확장되어 사용할 수 있게 되었다.

## 2) 이키의 외연적 구조: 취미의 기하학

구키는 '이키'가 '비타이', '이쿠지', '아키라메'의 세 가지의 개념을 내포하고 있다고 분석한 다음, '이키'와 다른 미적 개념과의 관계를 정립하고자 했다. 구키는 '이키'와 유사하거나 반대되는 '취미趣味'(감흥을 느끼어 마음이 당기는 멋, 아름다움), 즉 미적 개념을 선택하고 이들의 관계 속에서 '이키'를 위치시켜 정육면체를 만들었다.[22]

이 그림에 의하면 쌍을 이루는 개념은 '이키'와 '야보野暮', '시부미渋味'와 '아마미甘味', '조힌上品'과 '게힌下品', '하데派手'와 '지미地味'다. 이와 같은 '이키'와 관련된 개념들을 확인하는 것으로도 '이키'에 대한 이해를 도울 수 있을 것 같다. 각 개념에 대한 구키의 설명에 살을 덧붙여 가보면 다음과 같다.

우선 '야보'의 어원은 촌놈을 뜻하는 '야부野夫'에서 비롯되었다고 하는 설이 있다. 또한 악기인 생황에 있는 '야也'와 '모毛'라고 하는 두 개의 관은 소리가 나오지 않기 때문에, 두 관의 이름을 합친 '야모'는 쓸모없는 것을 대표하는 단어가 되었는데 '야보'는 이 '야모'에서 비롯되었다는 설도 있다. 촌놈과 쓸모없음 등을 나타내는 '야보'는 처음에는 화류계 사정에 어두운 사람을 의미하는 단어에서 세련되지 못하고 촌스럽다는 확장된 의미로 사용된다. 따라서 '이키'와 쌍을 이루어 '이키'의 반대편에 있는 개념으로 위치한다.

'조힌'과 '게힌'에 대해 구키는 처음에는 한자의 의미대로 품질상

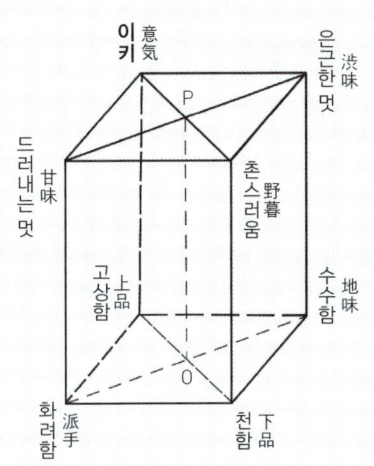

이키의 외연적 구조

의 좋고 나쁨을 뜻하던 단어였는데, 의미가 확장되어 인간 취미의 고상함과 저속함을 뜻하는 개념이 되었다고 설명한다.

'하데'는 화려함으로, '지미'는 수수함, 소박함으로 번역할 수 있다. 그런데 '하데'에는 우리말에는 없는 부정적인 의미가 포함되어 있다. '하데'의 사전적 의미는 모습이나 형태, 색채, 복장, 행동 등이 화려해서 사람의 눈길을 끄는 형상이다. '하데'의 어원은 샤미센의 연주 기법 중에서 종래의 주법에서 벗어나 화려하게 멋을 부리는 주법이 생겨났고 이를 '하데破手'라고 불렀던 것에 연유한다. '하데'의 의미가 점차 확장되어 사람의 기질이나 태도를 표현할 때도 사용하게 되어 '하데'라는 단어가 생겨났는데 에도 말기에 이르러서 '하데'는 화려함이 지나쳐 천박해 보인다는 부정적 표현으로도 사용되기 시작하여 현재에 이르렀다.

'지미'는 원래 '하데'의 반대어는 아니었다. '지미'의 어원에 대해서는 여러 가지 설이 있는지만, '地'의 의미 중에 '본래부터 가지고 있는 성질'이라는 뜻에 취향을 뜻하는 '味'를 더하여 '꾸미지 않은 본래부터 가지고 있는 성향'에서 소박한, 담백한, 화려하지 않은 멋을 뜻하게 되었다는 설이 일반적이다. 화려하다는 뜻의 '하데'가 양가적兩價的 의미로 사용되듯, '지미' 역시 꾸미지 않아 남루하다는 의미로도, 꾸미지 않은 담백한 본래의 멋이라는 의미로도 사용되고 있다(화보의 그림 3). '지미'함에서 멋을 찾아내는 것은 '와비사비'를 세련된 미의식으로 여겼던 전통이 있었기 때문으로 이해할 수 있을 것이다.

'아마미'와 '시부미'의 문자 그대로의 뜻은 각각 단맛과 떫은맛이다. '아마미'는 단맛에서 의미가 확장되어 애교, 어리광, 응석 정도로 번역될 수 있으며, '하데'와 마찬가지로 긍정과 부정의 양가적인 의미로 사용된다. '아마미'를 색으로 표현한다면, 핑크 계열의 색상으로 '하데'에 가까운 개념임을 알 수 있다(화보의 그림 4).

'시부미'는 떫은맛에서 의미가 확장되어 화려하거나 달지 않아 어른들이 즐기는 맛과 멋을 의미하게 된다. '아마미'가 양가적 의미로 사용되는 것과 달리 주로 긍정적인 의미로 사용된다. 우리나라에서도 녹차, 커피 등에 있는 타닌을 즐기는 것을 흔히 어른 입맛이라고 한다. 단맛에서 벗어나 떫은맛을 떫은맛대로 즐기는 것을 성숙함으로 이해하기 때문이리라.

　이처럼 '아마미'와 '시부미'는 주로 맛을 형용하는 단어로, '이키'스러운 맛이 있다면 '아마미'와 '시부미' 사이의 어딘가에 존재한다. 구키는 그 '아마미'와 '시부미' 사이의 어딘가를, 다시 말해 '이키'스러운 맛을 산미酸味로 규정한다.[23] 과연 신맛이 단맛과 떫은맛 사이에 위치하는 것인지, 그전에 맛을 이렇게 평행선상에 놓고 말할 수 있는 것인지부터도 따져봐야 할 문제지만, 구키의 과감한 단정은 일본인들에게 받아들여져 현재에 이르고 있다는 점이 흥미롭다.

　일본의 유명한 향香 제조회사인 일본향당日本香堂, NIPPON KODO에서는 2021년 현재 에도의 미의식인 '이키'와 '쓰야艶'를 테마로 한 향을 판매하고 있다(화보의 그림 5).* '이키'를 테마로 한 향의 패키지에는 "투명감이 있는 아마미, 따뜻한 산미, 우아한 향"이라는 문구가 쓰여 있다. '이키', '아마미', '산미' 등의 단어를 통해 구키가 말했던 '이키'의 외연이 받아들여져 현재에도 쓰이고 있음을 알 수 있다.

---

\*　요염함으로 번역할 수 있는 '쓰야'도 '이키'와 공통 요소를 많이 지니는 미의식 가운데 하나다. 본문에서는 설명을 생략했으나 구키는 "역설적이지만 '시부미'에는 '쓰야'가 있다"라고 '쓰야'에 대해서도 언급하고 있다.

구키는 '이키'의 외연으로 '야보'·'조힌'·'게힌'·'하데'·'지미'·'아마미'·'시부미'를 선택해서 육면체의 꼭짓점에 배치한 후 각각의 개념과 이키의 관계, 혹은 '와비사비' 등의 미의식과의 관계를 설명했다.[24] 구키가 시도한 육면체를 통한 '이키'의 구조에 대한 해석은 현란한 논리적 전개와 당시의 최신 철학인 헤겔의 변증법(구키의 전공이었던)까지 등장시켜 독자를 현혹한다. 구키 역시 아름다움과 멋이라는 직관적 미학을 논리적으로 설명하려는 것이 얼마나 '야보'스러운 것인지를 알고 있었을 것이다. 하지만 이처럼 호하스럽고 현란한 철학적·논리적 수사修辭가 '이키'를 일본의 미학으로 정립하기 위한 의도적인 '야보'였다면, 구키의 전략은 성공한 것이라 할 수 있겠다. 결과적으로 '이키'는 일본의 미학 가운데 하나로 자리잡아 시민권을 획득하게 되었기 때문이다. 또한 《이키의 구조》 역시 일본사상사 연구 및 일본문화론의 대표적 문헌 가운데 하나로 자리잡는다.

그러나 '이키'의 시민권을 위해 쓰인 《이키의 구조》를 읽는 것만으로는 '이키'가 무엇인지 '이키'의 미학이 어떠한 것인지 완전히 이해하기는 어려운 것이 사실이다. 구키가 자신의 철학을 인정받기 위해 무리하게 도식화하고 구조화한 면이 없지 않기 때문이다. 이제 '이키'에 대한 좀더 폭넓은 이해를 위해 장을 바꾸어서 에도시대와 에도 서민문화에 대한 설명을 이어가려 한다.

2장

## '이키'의 공간과 그 주인공
### 대도시 오에도와 에도 시민 에돗코

에도라는 대도시를 살아가는 도시 서민들은 최대한으로
삶을 즐기려 욕망했다. 그들의 욕망은 유행의 사이클을 만들었으며
대중문화예술의 발달로 구체화되었다.

### 1. 에도의 탄생과 도시적 특수성

에도는 하천들이 모여 도쿄만으로 흘러가는 하구河口로, 해발고도 0미터에 가까운 퇴적지가 많은 지리적 특징을 가진다. 1590년 8월 1일, 도쿠가와 이에야스는 도요토미 히데요시의 명령으로 미개척지에 가까웠던 에도에 주둔하게 된다. 히데요시의 견제였다. 이에야스는 1457년에 오타 도칸太田道灌이 축성한 후 겨우 명맥만 잇고

있던 에도성을 정비하고 물자를 운반하기 위한 수로를 만들어 성을 중심으로 하는 새로운 도시를 건설하기 시작한다. 조선이 임진왜란과 정유재란을 겪을 즈음이었다.[1]

1615년 이에야스는 도요토미 일족을 멸하고 일본 최고 권력이 된다. 우리는 조선과 달랐던 일본의 지배구조에 대한 이해가 필요하다. 바로 일본은 봉건제 국가였다는 점이다. 일본의 무사 권력은 허울뿐이기는 하나 천황과 귀족계급을 유지시킨다. 형식상이나마 천황에게 각 지역에 대한 지배를 인정받는다. 그리고 조정의 일을 일임받아 천황이 있는 교토가 아닌 다른 곳에 관청을 여는 형태를 취했다. 이러한 관청을 막부幕府라 부른다. 막부의 장을 부르는 호칭이 다름 아닌 장군이란 의미의 쇼군将軍이다. 막부의 권력이 약해지면서 각 지역을 할거하던 군소 무사 권력들이 권력투쟁을 벌이게 되고 센고쿠戰國 시대라 불리는 혼란한 시대에 들어선다. 도쿠가와 이에야스는 오다 노부나가, 도요토미 히데요시에 이어 전국을 통일하고 에도에 막부를 열어 쇼군이 된다. 에도는 수도가 되었고 이때부터를 에도 시대라 부른다.

이에야스는 군소 무사 권력들에 대한 논공행상을 벌여 일본의 각 지역을 배분한다. 배분한 각 지역을 번藩이라 불렀고 번을 지배하는 군벌들은 그 지역의 번주, 혹은 다이묘大名라고 불리며 번에 대한 통치권을 가지게 된다. 다이묘들에게 번을 배분하자마자 같은 해 8월 7일, 막부는 모든 다이묘에 대해서 자신이 거주하는 성을 제외한 번에 있는 다른 성을 모두 부수라는 일국일성령一國一城令을 내린다. 각 번의 군사적 역량을 줄여 쿠데타를 미연에 방지하기 위해서였다.

그런데 일번일성령이 아닌 일국일성령이라고 한 점에서 번이라는 단위를 국國과 동일한 개념으로 쓰고 있음을 알 수 있다. 따라서 에도 시대의 일본에 대해 (우리의 정서와 맞지 않더라도) 유나이티드 스테이츠 오브 재팬United States of Japan이라고 생각하는 것이 앞으로의 이야기들을 좀더 쉽게 이해할 수 있을 것 같다. 다이묘는 그 번에 살고 있는 사람들에게는 국왕이었다.

**이를 쇼군의 직할지인 에도에서 살아가는 주민들의 입장에서 본다면, 다른 번의 번주(다이묘)와 그 휘하의 무사들은 비록 지체 높은 무사님들이지만 다른 나라 사람으로 여겼다는 것을 의미한다.**
(모든 독자분들이 이해할 수 있는 비유는 아니지만) 사단직할대의 일반사병들이 예하 연대의 연대장 이하 장교, 부사관들을 대할 때 느끼는 그 미묘한 심리적 거리감과 유사하리라. 굳이 '유나이티드 스테이츠 오브 재팬'이라는 어색한 조어를 사용한 것도 에도 시민들의 다른 번(타국)에 대한 이러한 감정적 거리감을 설명하기 위함으로, 이 거리감이 에도 시민들의 프라이드와 에도 대중문화의 융성으로 이어진다는 점에 대한 이야기는 조금 뒤에 이어가고, 우선은 도시의 특성을 결정지은 에도의 지리에 대해 설명하고자 한다.

에도의 지리적 특성에 대해 이야기하기 위해서는 먼저 에도성

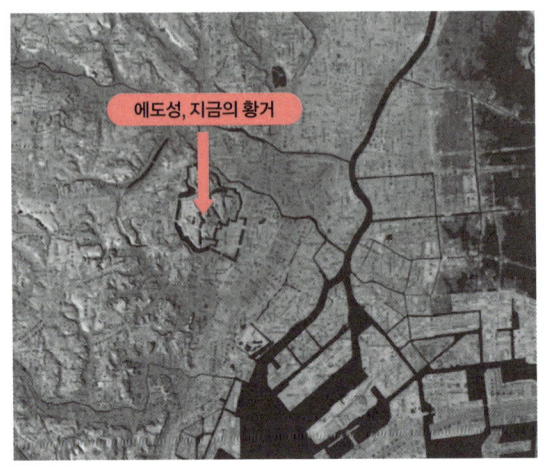

도쿄 지형도. 화살표로 표시된 곳이 옛 에도성(현재의 황거). 에도성의 왼쪽이 약한 구릉지, 오른쪽이 해발 0미터에 가까운 습지대와 간척지임을 알 수 있다.

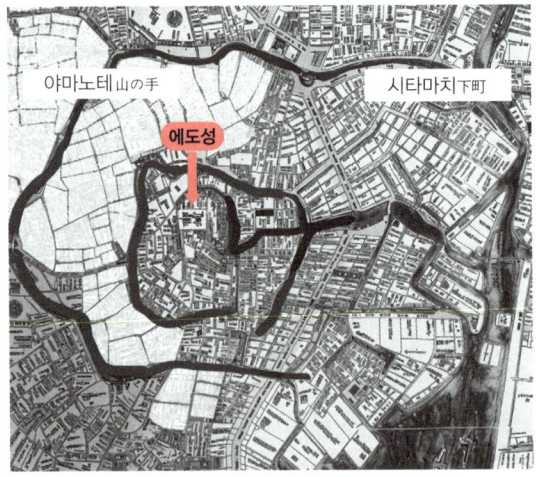

에도성을 둘러싼 물길을 보라. 에도성의 왼쪽이 구릉지이자 무사들이 살던 야마노테 지역, 오른쪽이 서민들이 살던 시타마치 지역이다.

에 대해 말해야 한다. 지도에서 보듯 에도성(지금의 황거)은 낮은 퇴적지대인 에도에서는 그나마 높은 지대에 있으며 다른 구릉지와도 분리되어 있어 방어에 유리한 위치에 있다. 이에야스는 에도성 주변의 큰 하천인 스미다가와隅田川와 간다가와神田川를 이용하여 소용돌이 모양으로 수로를 조성했다. 이 수로는 공격에 대비하는 해자의 역할과 도쿄만에서 에도성으로 빠르게 진입할 수 있는 도로의 역할을 겸했다.

공격에 대비하기 위해 배치한 것은 해자만이 아니었다. 에도야시키江戸屋敷는 각 번의 다이묘들이 에도에서 머물 때 사용하던 에도출장소(대사관으로 생각하면 이해가 쉬울 것이다)를 일컫는 말이다. 이에야스가 에도성에 가장 가까운 곳에서부터 자신과 함께 많은 전투를 거치며 가장 믿을 수 있고 큰 공을 세웠던 순서대로 각 다이묘의 야시키를 배치한 것도 만약에 발생할 수 있는 적과 쿠데타로부터의 방어를 위해서였다.

여러분들이 가장 쉽고 흔하게 쓰실 네이버사전 등에서 야시키를 찾아보면 고급저택, 무가武家의 저택 정도로 설명되어 있을 것이다. 틀린 말은 아니지만 저택이라는 단어의 어감에서 오는 왜곡이 있다. 무가의 고급저택이라고 해서 조선시대 한양의 양반집 정도로 생각하면 큰 오해가 생긴다. 에도야시키는 (각 번의 대사관 격이었기에) 궁궐에 필적하는 크기를 가지고 있었다. 가가번加賀藩(현재의 가나자와金沢현에 해당)의 에도야시키는 현재 도쿄대학교 캠퍼스로 사용되고 있으며 다른 번들의 야시키 또한 현재 미술관, 동물원, 방위청 등의 부지로 사용되고 있을 정도의 크기를 가지고 있었다.

　에도성이 방어를 고려하여 축성되었던 것처럼 무사의 야시키도 높이 솟은 천수각만 없을 뿐 수비를 고려한 하나의 견고한 요새로 지어졌기 때문에 에도성을 둘러싼 야시키의 존재는 에도성의 방어력을 엄청나게 강화할 수 있었다.

　다이묘의 야시키들은 주로 에도성의 서쪽에 위치하고 있었다. 에도성의 서쪽은 상대적으로 높은 지대여서 산 쪽이라는 의미로 야마노테山の手라고 불렀다. 도쿄를 순환하는 전철선의 이름이 야마노테센山手線으로 불리는 것도 이러한 야마노테 지역을 순환하기 때문이다.

　각 번의 서열은 번의 위치, 에도성을 기준으로 한 각 번 야시키의 물리적 거리, 야시키의 크기와 형태 등등 시각적으로도 명확하게 알 수 있도록 구분 지어졌다. 에도막부의 권력은 이러한 노골적인 차별에 대해서 어느 번도 반항할 수 없을 정도로 강대했고, 이를 바탕으로 평화의 시대가 이어졌다.

　눈에 보일 수 있도록 구체적이고 확실하게 신분의 격차를 만든 것은 신분서열을 안정적으로 유지하여 다시는 혼란스러웠던 센고쿠 시대로 돌아가지 않고자 하는 에도막부의 의지였다. 우리가 흔히 분수를 지키다, 분수를 알아라 등에서 사용되는 분分이 바로 신분서열을 뜻하는 단어다. 에도 시대가 조선만큼의 유교 사회는 아니었지만, 분을 지키는 것은 사회체제와 봉건윤리 중에서 가장 중요하고 엄하게 지켜야 할 철칙이 된다. 분을 넘어서는 행위를 해도 안 되고, 분보다 낮게 행동하는 것도 안 되는 것이 일본의 봉건제였다.

## 2. 참근교대와 소비사회의 형성

새로운 도시 에도에서 막부가 시작되어 20여 년이 흐르고 봉건제는 더욱 공고해져 간다. 3대 쇼군 도쿠가와 이에미쓰德川家光는 에도 막부의 시대가 영구히 지속가능한 형태로 이어질 수 있도록 일본의 어딘가에서 일어날 수도 있을 쿠데타를 미연에 방지할 수 있는 방법을 찾아내고자 했다. 그 결과 이에미쓰는 전국에 있는 250여 번의 다이묘들에게 자기 나라와 에도에 1년씩 교대로 지내되, 다이묘가 번에 돌아가 에도에 없을 때는 그 다이묘의 장남과 정실부인을 인질로 삼아 에도에 머물도록 하는 이른바 참근교대參勤交代제도를 시행한다(1635).

  다이묘는 한 나라의 왕과 같은 존재였다. 다이묘에게는 그 번의 분分에 맞는, 높지도 낮지도 않은 수준의 의전이 반드시 필요했다. 시간에 늦었다고 다이묘 혼자서 말 타고 갈 수는 없는 노릇이었던 것이다.

  참근교대 수행단의 규모는 평균적으로는 450명이었고, 가장 큰 번이었던 가가번의 수행단은 무려 3000여 명의 인원이 움직이기도 했다. 참근교대를 위해 전국적으로 움직이는 이동 인원을 대략적으로 계산하면 약 11만 2500명(250번×450명)이다. 참근교대로 인해 일본 전국에서 11만 명이 에도로 오고 11만 명이 지방으로 내려가는, 약 22만 명의 대이동이 매년 일어나게 된 것이다.*

참근교대의 목적은 에도에 인질을 두게 하고, 번과 에도를 왕복하며 막대한 비용을 소비토록 강제하여 전쟁 비용으로 쓸 수 있는 재화를 모을 수 없게 하고, 이를 통해 미연에 쿠데타를 방지하는 데에 있었다.

그런데 이에미쓰가 미처 생각하지 못했던 참근교대의 사이드이펙트는 실로 엄청난 것이었다. 참근교대를 통한 수많은 사람의 이동은 교토와 에도를 잇는 도카이도東海道를 위시한 5대 가도街道를 에도로 이어지게 하여, 인적·물적 자원의 흐름을 더욱 활발하게 만들었다. 각 번의 재화가 가도를 따라 일본 전역으로 흘러가게 되어 일본 전체의 경제력 상승으로 이어졌다. 참근교대로 인해 생겨난 정비된 교통과 은행, 물류 등은 일본이 근대화에 성공하는 데 중요한 역할을 했다. 또한 이동 중에 사용할 수 있는 작고 가벼운 여행 물품들도 발달한다. 흔히 일본이 경박단소한 물건을 잘 만들어

---

\* 참근교대를 다룬 영화로 〈초고속참근교대(超高速参勤交代)〉(2014) 등이 있다. 한국에는 없었던 제도인 참근교대에 대해 재미있게 풀어나가는 영화이니 한번쯤 찾아보아도 좋을 것이다.

내는 이유를 일본의 민족성 등에서 찾고는 하나, 전쟁과 참근교대와 같은 인적 이동이 잦았던 일본의 역사적 사실이 민족성과 같은 모호한 이유에 우선한다고 생각한다.

일본 역사에서 간과하기 쉬운 참근교대는 일본 경제와 문화에 실로 엄청난 영향을 주었고 현재에도 여전히 그 영향력은 살아있다. 예컨대 참근교대에서 에도의 시발점은 에도성이 아닌 니혼바시日本橋라는 다리였다. 니혼바시는 인기 추리소설 작가 히가시노 게이고東野圭吾의 소설 《기린의 날개》와 영화 〈기린의 날개〉의 주된 배경이 되는데, 니혼바시에 있는 기린상이 출발선이라는 의미를 복선으로 쓸 수 있었기 때문이다.

현재도 일본 도로표지판의 도쿄 기점은 니혼바시다. 또한 하네다 공항 국제선 2층에 오브제로 놓인 다리의 이름도 출발점의 의미와 일본이라는 의미를 동시에 가지고 있는 니혼바시로, 다리 앞에는 "여행의 시작은 예나 지금이나 니혼바시旅立ちは昔も今も日本橋"라고 쓰여 있어 니혼바시의 의미를 살리고 있다.

### 3. 재난의 아이러니, 화재는 에도의 꽃

에도는 세계에서 유래를 찾아볼 수 없는 독특한 참근교대라는 의례를 통해 고유한 도시구조와 문화를 가지게 되었다. 참근교대를 통해 다이묘를 호위하고 와서 에도에 머물게 되는 수많은 무사가 있었기에 에도는 완벽한 소비도시로 발전한다. 이미 일본에는 가미가타上方라고 불리던 교토와 오사카, 나고야라는 경제적이나 문화적으로 발달한 도시가 있었다. 이러한 도시에서 상업과 공업에 종사하던 평민들이 새로운 기회를 찾아 무사들이 소비하는 물자를 조달하기 위해 에도로 모이기 시작했다. 또한 가미가타뿐만 아니라 다른 전국에서도 일확천금을 꿈꾸는 상공인들이 에도로 모여들었다. 아메리카 드림, 아니 에도 드림의 시작이었다.

처음에는 당시에 훨씬 번성했던 가미가타(교토, 오사카, 나고야)에 본점을 둔 가게들이 에도에 지점을 내는 패턴이 많았다. 특이하게도 교토와 오사카 등에 본점이 있는 에도의 지점들은 여성을 고용하지 않고 오직 남성만으로 영업활동을 했으며, 이는 에도막부가 끝날 때까지 이어진다. 게다가 참근교대를 통해 에도에 주재하고 있는 무사들의 수를 더하면 에도의 남녀성비는 거의 2대 1 수준의 심각한 남초사회였고, 이에 따른 여러 가지 사회문제가 발생하고 있었다.

에도 시대, 농업을 제외한(농민을 백성百姓이라 불렀다) 상업과 공업, 서비스업 등에 종사하는 사람들을 조닌町人이라 불렀다. 무사들은 야마노테의 넓은 야시키에 거주했고, 조닌들은 에도성 동쪽의 낮고 좁은 지역에 거주했다. 높은 지대의 야마노테에 비해 낮은 곳에 있는 동네라는 뜻의 시타마치下町로 불리던 조닌의 거주지역은 과밀주택과 높은 인구밀도, 그리고 지진 등으로 인해 화재가 빈번했고, 한 번 불이 나면 불길이 걷잡을 수 없이 커져 막대한 피해를 입고는 했다.

매년 빈번하던 화재 중에서도 '메이레키 대화재明曆の大火'로 불리는 1657년 3월 2일부터 사흘간에 걸쳐 일어난 화재는 에도의 약 60퍼센트가 전소되고, 사망자 수가 3만에서 10만 명에 달했던 거대한 화재였다. 이 화재로 인해 조닌들의 시타마치는 물론 다이묘의 야시키들도 불에 탔으며, 에도성 역시 천수각을 포함한 대부분의 건물이 소실되는 막대한 피해를 입었다. 적으로부터의 공격에 대한 완벽한 수비를 자랑했던 에도성이었으나 화재로부터는 지켜내지 못했던 것이다.

메이레키 대화재 이후, 에도의 도시계획은 전투가 아닌 화재에 대비하는 구조로 바뀌어간다. 첫 번째로 에도에 있는 각 번의 야시키를 여러 곳에 만들게 하여 재난에 대비하게 했다. 두 번째로는 거리 곳곳에 공터를 만들어 화재의 피난처로 만들었다. 또한 교통의 요지에는 히로코지広小路라 불리는 넓은 도로를 만들어 복사열로 인해 화재가 퍼져가는 것을 막았다.

화재의 피해를 줄이기 위한 도시계획을 통해 에도의 크기는 화재 전보다 더욱 확대되었다. 피해를 줄이기 위해 많은 방재계획이 실행에 옮겨졌지만, 이후에도 크고 작은 화재는 끊이지 않았다. 화재의 빈번함은 에도 조닌들이 일생에 한두 번은 화재로 집이 불타 없어질 것을 각오할 정도였다. 화재와 지진 등의 재난으로 불타고

부서진 건물들을 새로 짓기 위해서 많은 목재와 인력이 필요했고 재화가 투입되었다. 아이러니하게도 도시재건 사업을 통해 에도는 호황을 누렸고 조닌의 사회경제는 발전을 거듭하게 된다. 에도인들은 화재가 도시 부흥과 경제발전의 비료와 같은 효과를 낸다는 것을 거듭된 화재와 부흥의 경험을 통해 피부로 느끼고 있었다. '화재는 에도의 꽃火事は江戸の華'이라는 말이 생겨난 것도 이러한 성공 경험에서였다.

메이레키 대화재가 에도를 메트로폴리스적 오에도大江戸(대도시 에도라는 뜻)로 발전시켰다고 일컬어지는 것은 화재와 복구, 도시발전으로 이어지는 순환구조의 시작점이었기 때문이다. 에도의 경제발전은 끊임없는 인구 유입과 출산율 증가로 이어져, 1700년경의 에도 인구는 80만 명선으로 증가한다. 당시 런던의 인구는 50만 명이었다. 1750년경, 에도의 크기는 반경 8킬로미터 권역으로 확장되었다. 반경 8킬로미터는 도보로 커버할 수 있는 최대한의 크기로, 일일생활권의 한계까지 커진 에도는 증기기관이 들어오기 전까지 답보하게 된다. 인구는 더욱 증가하여 30여 년이 지난 1730년경에 행해진 인구조사 결과에 따르면, 에도에 살고 있는 조닌의 숫자는 60만 명, 승려 5만 명, 무사 65만 명으로 총인구수 130만 명으로 추산된다. 에도는 당시의 런던, 파리와 같은 유럽 최고의 도시보다 훨씬 많은 인구를 자랑하는 오에도라는 이름에 걸맞은 메트로폴리스가 되었던 것이다.[2]

## 4. 도시의 특징을 갖게 되는 시타마치 풍경

에도 조닌들 거주지역의 인구 과밀상황은 상상을 초월할 정도였다. 2020년 현재, 도쿄에서 가장 인구밀도가 높은 도시마구豊島区의 인구수가 2만 3117명이다.[3] 1725년 에도의 조닌 지역, 즉 시타마치의 인구는 무려 6만 8807명으로 도시마구의 세 배에 달한다. 고층 아파트가 없던 당시를 생각하면 놀라운 인구밀도가 아닐 수 없다.

높은 인구밀도를 감당해야 하기에 조닌들의 집은 협소할 수밖에 없었다. 중류층 이상의 조닌들은 대로변에 독립된 가게를 가지고 있었으나, 보통의 조닌들은 거의 대부분 뒷골목에 자리잡은 나가야長屋라고 불리는 긴 건물의 한 칸씩을 빌려 살게 된다. 대개 1층 건물로 만들어진 나가야는 현관을 들어서면 바로 부엌(흙바닥에 아궁이가 있는 정도)이 있고, 방은 1개, 기껏해야 2개였다. 가장 전형적인 나가야의 한 세대는 부엌이 다다미 1첩 반(2첩=1평), 방이 4첩 반으로 총 다다미 6첩, 즉 3평 정도의 크기였다.*

---

\* 여기서 말하는 6첩이 윤동주의 〈쉽게 씌어진 시〉 1연, "창 밖에 밤비가 속살거려 육첩방은 남의 나라"에서 등장하는 바로 그 육첩방이다. 일본인들에게 있어 6첩 방은 아주 특별하게 빈곤하고 가난한 삶을 상징하는 공간은 아니었다. 4첩 반짜리 집도 있었으니까 말이다. 하지만 이런 작은 집을 경험해보지 못했을 젊은 유학생 윤동주에게 육첩방이라는 협소함이 얼마나 큰 폭력이 되어 다가왔을지 가슴이 에이게 아프다. 마지막 연의 "육첩방은 남의 나라, 창 밖에 밤비가 속살거리는데"라는 도치법 하나로 얼마나 깊은 감동을 줄 수 있는지 보여주는, 감히 세계 최고의 시구절이다.

조닌들이 살던 나가야와 나가야 내부

　많은 사람이 같이 살던 공동주택이었던 나가야는 화재가 나는 것을 전제로 만들어졌다. 즉 쉽게 부술 수 있는 구조로 되어 있었다. 화장실은 공동화장실, 목욕탕은 없었다(일본에 공중목욕탕 문화가 발달했던 이유 중의 하나다). 집이 좁았기 때문에 많은 소유물을 수납할 공간이 없어, 이불 등의 생활 물품을 빌려주거나 저당을 잡는 전당포 겸 렌탈샵인 손료야損料屋가 발달한 것도 나가야 생활의 영향이었다. 물은 공동으로 쓰는 우물이 있었는데, 이 우물이 지하수를 퍼올리는 것이 아닌 상수도에서 공급되는 수돗물이었다는 점은 새삼 에도가 도시였음을 깨닫게 해준다.

얇은 나무판자 하나를 맞대고 다른 세대와 이어져 있는 나가야에서 사생활 보호는 불가능했다. 이렇게 협소한 나가야의 공동생활에서 오는 스트레스의 강도는 현재 우리나라의 아파트에서 겪는 층간소음 문제 정도를 떠올려보더라도 쉽게 상상할 수 있을 것이다. 따라서 이런 스트레스를 줄이기 위한 주민들 간의 매너와 규칙, 벌칙 등의 문화도 발달하게 된다.

길을 가다 상대방의 발을 밟으면 밟은 쪽도 밟힌 쪽도 서로 미안하다고 표현한다든지, 아이들에게 매너교육을 어릴 때부터 시킨다거나, 상대방을 배려하지 않고 자기중심적으로 행동하는 사람을 비난하는 분위기 등 현대의 일본에서도 이어지는 매너와 룰은 현대의 공동주택 생활에서 지켜야 할 매너와 규칙 등과 많은 공통점을 가진다. 에도는 조밀한 인구밀도로 인해 공동생활을 강제당했기에, 에도의 조닌 문화가 현대의 도시문화적 특징을 가지게 된 것으로 이해할 수 있을 것이다. 분명 이러한 공동생활은 피곤한 일이었을 것이고, 사생활 보호 같은 것은 기대할 수 없었으리라. 아파트를 좋아하는 우리나라와 달리 일본인들이 단독주택을 선호하게 된 것을 이러한 역사적 맥락에서 이해할 수 있을지도 모르겠다.

## 5. '이키'의 주인공, 에돗코의 탄생

당시의 가미가타 지역에는 이미 스미토모住友, 고노이케鴻池 등을 필두로 오래된 시니세老鋪(요사이 유행하는 노포라는 말은 시니세의 한자를 그대로 받아들여 사용하고 있는 것이다. 이러한 안이한 방식의 조어는 너무나 지루하다)들이 줄지어 있었다. 이미 자리를 잡은 기득권의 거대한 상업 자본에 맞서 맨손에서 시작해서 성공을 거둔다는 것은 거의 불가능한 일이었다.

이에 비해 에도는 물품의 생산, 유통 경로 등의 모든 것이 이제 막 생성되어가는 어린 도시로, 기회의 땅이었다. 장사가 어려워진 교토, 오사카 등 서일본 쪽 소상인들이, 혹은 시골의 꿈 많은 젊은이들이 에도 드림을 기대하며 에도로, 에도로 향했다. 이렇게 타지에서 유입되는 조닌들로 에도의 나가야는 가득 찼으며 에도의 확장과 더불어 조닌들의 숫자는 늘어만 갔다.

초창기 에도는 오랜 전통과 문화적 우위를 점하고 있던 가미가타로 불리는 교토와 오사카 등의 서일본에 비해 경제적으로나 문화적으로 열등한 위치에 있었다. 일본어 '구다라나이下らない'는 내려오지 않는다는 뜻이다. 이런 구다라나이가 볼품없거나 재미없는 것을 지칭하는 말이 된 것은 물건이나 사람이 위쪽의 가미가타에서 구다라나이, 즉 교토와 오사카에서 내려오지 않아 볼품없다, 재미없다는 의미에서 시작되었다. 에도는 아직 미성숙한 도시였다.

하지만 에도는 높은 인구증가율과 함께 참근교대와 화재 등을 동력으로 삼아 놀라운 속도로 발전을 거듭했고 불과 2-3세대가 바뀔 정도의 시간이 지난 18세기 중반 무렵에 들어서면서부터 경제와 문화 등의 모든 면에서 가미가타보다 우위에 서게 된다.

또한 이 무렵부터 에도에는 외부에서 유입되는 조닌만이 아닌 에도에서 태어난 에도토박이 조닌들이 등장한다. 이들은 스스로를 에돗코라 부르며 그들만의 문화를 발전시켜나간다. 60만 명에 이르는 에돗코 조닌의 문화는 무사계급의 문화를 능가하기 시작하여 에도 시대 중심 문화는 조닌들이 주도해가기 시작한다.

에돗코에 대해 말할 때 가장 많이 인용되는 것은, 1787년에 간행된 유명한 조닌 출신 에돗코 작가 산토 교덴山東京伝의 소설《쓰겐소마가키通言総籬》에 보이는 다음 구절이다.[4]

쇼군이 계신 곳에서 에도성의 지붕에 있는 황금으로 만들어진 샤치호코鯱를 보면서 태어나, 수돗물로 목욕을 하고, 흰 쌀을 먹고, 유모가 씌어주는 양산 그늘에서 자라고, 금은으로 장식된 장난감으로 놀고, 높다고 알려진 미치노쿠陸奥산도 낮다고 하는가 하면, 유곽이 있는 요시와라吉原에 놀러온 유행하던 혼다스타일의 머리本田髷를 한 수많은 남자들 사이로 멀리 보이는 치바현의 아와가즈사安房・上総가 가깝다고 허세를 부린다. 또 스미다가와에서 잡히는 작은 뱅어조차도 뼈에 붙은 살은 먹지 않으며, 번화가에 있는 대기업의 가업조차 내팽개치고 요시와라 유곽으

로 놀러가는 것이 에돗코 정신이다. (일본어 원문은 모두 필자의 번역)

교덴의 에돗코에 대한 정의에 따르면, 에돗코는 에도에서 태어나야 하고, 작은 일에 구애받지 않아야 하며, 돈에 집착하지 않는 사람이어야 한다. 특히 돈을 아끼지 않는다는 것은 에돗코이기 위한 가장 중요한 요건이자 미덕이었다.

가다랑어를 일본에서는 가쓰오鰹라고 부른다. 가다랑어포를 일컫는 가쓰오부시鰹節의 그 가쓰오다. 가쓰는 이긴다는 뜻의 기쓰勝, katsu와 발음이 같아, 에돗코들이 좋아하던 생선이었다(언어유희를 좋아하는 것도 에돗코의 특징이기도 하다). 에도에서 초여름이 되면 잡히기 시작하는 것이 가쓰오로, 첫물 가쓰오를 먹는 것이 유행되어 하쓰가쓰오初ガツオ라 불리는 첫물 가다랑어의 가격이 반냥(1냥=약 6만 5000엔)까지 오르게 된다. 이렇게 비싸도 에돗코라면 입고 있던 옷을 팔아서라도 먹고야 만다는 풍조가 있었다. 또한 마음에 드는 유녀가 있으면 천 냥짜리 집을 팔아서라도 유곽에서 빼내는 것이 진정한 에돗코라 일컬어지기도 한다.

당시 위트와 해학을 생명으로 하는 짧은 정형시 장르인 센류川柳에는 이러한 풍조를 묘사하는 "에돗코 중에 못난 놈이 돈을 가진다", "에돗코 중에 못난 놈이 돈을 모은다"와 같은 구절이 있다. 돈을 아끼면 에도에서 태어나도 에돗코가 아닌 것으로 여겨졌다. 하루 지난 돈은 사용하지 않는다는 것이 에돗코다. 그러나 돈이 없어도 돈에 집착하지 않는 것처럼 행세하는 것은 꽤 괴로운 법이다. 이를 풍자하는 많은 센류와 이야기들도 전해오지만 그럼에도 끝까지 허세를 부리는 것 역시 에돗코스러운 모습으로 여겨지고 있었다. 당시의 에도인들은 이러한 허세를 **다른 번, 즉 다른 나라 사람들은 따라할 수 없는** 에도에서 살아가는 에도토박이들만의 특징으로 자부하고 있었던 것이다.

일본 근세문학 최고 석학 가운데 한 명인 나가시마 히로아키長島弘明 교수는 에돗코에 대해 다음과 같이 설명하고 있다.[5]

에돗코 의식이란, 에도에서 태어난 인간만이 지니는 좁은 의미의 향토의식이 아니라, 지방에서 에도로 유입해서 공생하는 잡다한 동류同流의 사람들이, 이 도시를 최상의 도시라고 느끼는, 일종의 연대감이라고 할 수가 있을 것이다. 에도는 대대로 에도 태생이 아닌 사람도 에돗코라 말하는 것을 허용하는 속이 넓은 도시였다. 물론 에도 태생이 아니면 에돗코가 아니라고 하는 에도 내셔널리스트도 많았을 것이 틀림없으나, 작은 일에 구애받지 않는 에돗코의 특성은, 지방 출신자가 에돗코를 칭하는 것을 배제하지 않는 너그러움과 필연적으로 이어져 있다. 삼대가 이어지면 훌륭한 에돗코, 에도에서 태어난다고 무조건 에돗코가 되는 것은 아니다.

에돗코란 에도에서 살고 있는 잡다한 동류의 사람들이 느끼는 일종의 연대감이라는 설명이다. 나가시마 교수가 제시한 동류와 연대감이라는 키워드를 따라가면, 에돗코가 동류가 아니라고 생각하는 사람들은 에도에 뿌리를 박고 살지는 않지만, 에도에 있는 사람들로 생각할 수 있다.

에돗코가 타자화시킨 대상은 다름 아닌, 에도에서 무위도식하며 거들먹거리지만 에도가 낯선 곳이기에 어리숙하기만 했던, 그렇지만 칼을 차고 있기에 고개는 숙여야 했던, 참근교대로 각 지역에서 올라와 있던 (에돗코의 입장에서 보면) 시골무사들이었던 것이다. 무사들에게 고개는 숙여야 하지만 에도는 자신들의 홈코트이고 그렇기에 무사들보다 훨씬 세련된 삶을 살아가고 있다는 에도 조닌들의 프라이드와 연대감, 그리고 무사계급에 대한 숨겨진 반항의 표출이라는 결과가 에돗코 문화였다.

### 1) 부르주아 조닌의 대두

에도 시대 상업의 발전은 필연적으로 자본주의의 발전을 가져왔고, 부의 축적을 이루게 된 조닌들이 생겨나며 부르주아, 프티부르주아, 프롤레타리아 계층으로 분류되기 시작한다.

미에현三重県 마쓰자카松坂(고급 와규인 마쓰자카규松坂牛로 유명한 곳) 지역의 무사였던 미쓰이 다카토시三井高俊는 스스로 신분을 낮추어 조닌이 된 후, 전당포와 술, 된장 판매를 겸업으로 사업을 시작했다.

미에현 마쓰자카의 위치

당시의 미쓰이 에치고야 전경

2005년 미쓰이 그룹은 미쓰이 제3별관에 6개월 한정으로 당시의 미쓰이 에치고야를 모티브로 한 '미쓰이에치고야 스테이션'을 오픈하여 에도의 정취를 살렸다.

명동 미쓰코시, 현 신세계백화점 본점

사업이 번창하여 재화를 모았던 미쓰이는 1673년, 니혼바시 혼초 1초메木町一丁目라는 가장 목이 좋은 곳에 미쓰코시三越라는 이름으로 포목점을 연다. 미쓰코시라는 이름은 무사였던 미쓰이 다카토시의 부친 미쓰이 다카야스高安의 관위가 에치고노카미越後守였던 것에서 연유한 미쓰이 에치고야三井越後屋의 줄임말이다.

그렇다. 현재 서울의 신세계백화점 본관으로 사용되고 있는, 천재 시인 이상이 한 번만 더 날아보자고 외치던 명동의 옛 미쓰코시 백화점의 그 미쓰코시다.

당시의 포목점들은 방문판매와 함께 대금은 외상을 주고 1년에 1-2회에 나누어 수금하는 시스템이었다. 이는 포목점의 자금 회전을 나쁘게 했고, 고객들은 이자 비용의 부담으로 비싼 옷값을 치러야 하는 고비용 저효율 시스템이었다. 미쓰코시는 "매장, 현금 판매, 외상 없음店前現金掛け値なし"이라는 지금도 회자되는 유명한 캐치프레이즈와 함께 매장에서 정찰제로 판매한다는 새로운 시스템을 통해 자금 회전을 획기적으로 개선했다. 이는 미국 백화점의 선구자인 메이시Macy 백화점보다 200년 가까이 빨랐던 시스템이었다.[6] 미쓰코시의 판매시스템은 대폭적인 상품가격 인하로 이어졌고, 미쓰코시는 더욱 번영함과 동시에 대중의 인기도 같이 얻게 된다.

미쓰이와 같이 교토와 오사카 등의 지방에 본점을 두고 에도지점을 경영하는 거대기업과 함께 또한 에도막부와 각 번의 야시키에 물건을 댈 수 있는 어용상인이 된 조닌들은 막부와 번이라는 국가 수준의 상대와의 독점적 거래를 통해 거대한 부를 쌓을 수 있었고, 이러한 조닌들이 부르주아지 계층이 되었다.

당시 교토, 오사카 등의 서일본은 금을 주체로 하는 금본위제를 사용하고 있었고 에도는 은본위제였다. 이는 항상 금과 은의 환율 변동을 계산할 필요가 있었음을 의미한다. 또한 교토, 오사카 등의 지방에 있는 본점과 에도지점 사이의 전국 규모의 화폐 이동은 도난과 분실 등의 위험도 있었다. 이를 해결하는 방법으로 어음 발행, 환전, 대출 등의 업무를 하는 은행이 등장했다. 은행을 가장 필요로 했었고 동시에 은행을 설립할 만한 자금을 가지고 있었던 것도 미쓰이 등의 부르주아지들이었다. 이렇게 부르주아지들의 필요에 의해 은행업이 생겨났고 일본은 금융경제가 발달하기 시작한다.

흔히 자본주의의 꽃을 금융, 그중에서도 주식이라고 말한다. 에도 시대에 금융경제가 고도로 발달해 있었다는 것은 이미 당시에 주식시장과 유사한 미두米豆시장이 있었다는 점에서도 확인할 수 있다. 미두란 등락 폭이 심한 쌀가격을 주가처럼 이용하는 일종의 선물시장이었다. 미두시장에서 등락 폭을 표시할 때 사용되던 캔들차트가 현대의 주식시장에서 가장 널리 사용되는 차트 가운데 하나인 것에서도 고도로 발달했던 에도 금융경제의 수준을 짐작하게 해준다.

조닌들이 주도하던 일본의 화폐경제, 금융경제 시스템은 당대 세계 최고 수준에 다다르고 있었지만 에도막부가 각 번과 무사들에게 주는 녹봉의 기준은 쌀이라는 현물이었다. 현물경제, 특히 쌀은 그 특성상 뜻하지 않은 자연재해로 인한 흉년, 혹은 좋은 작황으로 인한 풍년 등의 이유로 가격의 등락 폭이 심했다. 1년에 쌀 몇십만 석과 같은 기준으로 녹봉을 받는 번과 무사들은 자칫 적자가 나는 경우도 많았다. 무사가 적자를 보았을 때, 무사들에게 돈을 빌려줄 수 있었던 곳이 바로 미쓰이와 같은 어용상인들이었다. 녹봉으로 쌀을 받는 현물경제의 무사계급은 화폐경제의 상인계급에게 계속 그 부를 빼앗기고 있었고 무사들의 재정위기를 타개하기 위한 여러 가지 시도가 에도막부가 막을 내릴 때까지 이어진다.

일상적으로 일어나는 화재나 지진과 같은 자연재해의 위험이 상존하는 에도에서 상업으로 성공하여 거상으로 발전하는 것은 때로는 운도 따라야 할 결코 쉽지 않은 일이었다. 에돗코에게 있어 미쓰이의 성공은 질시와 비판의 대상이 아닌 닮고 싶은 동경의 대상이었다. 미쓰이가 동경의 대상이었음을 알 수 있는 예로, 닌조본人情本이라 불리던 당시의 풍속과 유행을 세밀히 묘사하면서 남녀의 사랑을 그리는 오락소설 장르의 인기 작가였던 다메나가 슌스이為永春水의 작품《우메노하루梅之春》를 들 수 있다.

작품 초반부에는 미쓰이가 유곽인 요시와라吉原의 유명한 가게 전체를 통으로 전세를 낸 것에 관한 다음과 같은 에피소드가 삽입되어 있다.[7]

**시치사부로**: 오늘 이치몬지야는 누가 전세 낸 거야?

**다마키치**: 네, 그 가게가요.

**시치**: 그 가게라니?

**다마**: 그 미치이(미쓰이_필자 주) 가게의 점원들로 낮부터 전세를 냈어요.

**시치**: 그렇군. 그 가게는 미치이 손님만 받고, 다른 손님은 거절한다고 하니 경기가 좋군.

**다마**: 네, 그 가게 분들만으로도 충분해요. 그러고 보면 미치고야(에치고야_필자 주)는 참 대가인 것 같아요.

**시치**: 그거야 일본 제일의 상인인걸, 문하의 제단에는 미치이를 신으로 모시고 아침저녁으로 등을 밝힌다고 해.

《우메노하루》가 출간되기 1년 전인 1837년은 일본 근대화의 격랑에도 미쓰이가를 잘 이끌어 재벌로 성장하게 만든 미쓰이 다카요시三井高福가 경영권을 승계받아, 미쓰코시를 총괄하는 8대 미쓰이 하쓰로에몬三井八郎右衛門의 이름을 습명襲名받은 해다.[8] 당시의 유행과 뉴스에 민감했던 슌스이가《우메노하루》에서 미쓰이가의 이벤트를 소설 속에서 묘사하고 있는 것이다.

요시와라 막부에서 공인한 유곽으로 일반인은 엄두를 낼 수 없을 만큼 고액의 비용이 드는 곳이다. 다마키치가 소식을 전하고 있는 요시와라 술집인 이치몬지야 전체를 미쓰이가 전세를 내었다는 것은 당시의 미쓰이가 얼마나 번성하고 있었는지를 단적으로 알 수 있는 에피소드라 할 수 있다.

이러한 미쓰이에 대해 "일본 제일의 상인"으로 아랫사람들이 아침저녁으로 신처럼 떠받들고 있다고 말하는 장면은 일반 조닌들이 부르주아지 조닌들을 동경의 대상으로 바라보고 있다는 것을 알 수 있게 해주는 장면이라 할 것이다.

### 2) 중산층 조닌

미쓰이 정도는 아니지만 윤택한 삶을 살아가는 프티부르주아지로 분류할 수 있는 조닌들도 있었다. 라쿠고落語는 일본의 전통 구전口傳예능이다. 다른 예능과는 달리 의상과 도구 등에 의존하지 않고, 부채와 수건 정도만을 사용하여 청중을 웃기고 울리며 지금도 공연되고 있는 인기 고전 예능이다. 라쿠고의 고전으로 불리는 이야기들 속에는 당시의 전형적인 프티부르주아지적 조닌의 모습이 뚜렷이 그려지고 있다.

〈아케가라스明鳥〉라는 작품은 하나뿐인 아들이 취미라고는 방에 틀어박혀 어려운 책만 읽고 있어 아무것도 모르는 순진한 백면서생이 될까봐 걱정하던 아버지가 생각해낸 묘책을 그리고 있다. 아버지가 생각해낸 방법은 바로 난봉꾼으로 유명한 사람들에게 아들을 맡겨 유곽의 맛을 보게 하는 것이었다. 순진한 아들을 속여 유곽인 요시와라로 끌고 가는 장면과 유곽에 온 것임을 알고 돌아가려 노력하던 아들이 아침이 되어서는 계속 유녀와 함께 있고 싶어하는 장면이 웃음을 이끌어내는 내용인 〈아케가라스〉에서 일부러 자식에게 유곽 구경을 시켜주는 정도의 경제력을 가지고 있는 프티

부르주아지 계급에 해당하는 조닌의 모습을 확인할 수 있다. 이들은 소위 가게의 주인이나 후원자를 일컫는 단나(旦那)라는 호칭으로 불리던 사람들이었다.

### 3) 소시민

한편 또다른 라쿠고 작품인 〈시바하마(芝浜)〉는 좁디좁은 나가야에 사는 서민이 주인공이다. 생선을 잡아 파는 마사루는 부인의 잔소리에 떠밀려 추운 새벽에 어시장으로 가던 길에 거액의 금화 주머니를 줍는데, 주은 돈이라 흥청망청 쓰일 뻔한 것을 현명한 부인 덕분에 더 열심히 일할 수 있는 기회로 바꾸었다는 이야기다. 이 〈시바하마〉는 에도 드림을 꿈꾸며 에도로 상경했던 많은 소상인의 소시민적 삶과 꿈을 그리고 있다.

### 4) 데카당스적 삶을 살아가는 에돗코

에돗코, 즉 에도의 시민들은 이런 다양한 경제력을 지닌 조닌들의 집합이었다. 에도가 인구 100만 명의 거대 도시로 발전함에 따라 에도 시민들이 살고 있던 시타마치의 인구와 건물의 밀도는 더욱 높아졌고 화재, 역병, 지진 등의 재난위험도 이에 비례해서 커져갔으며, 연 2회 이상의 화재가 발생하는 상습 재해지역이 되었다.[9]

에돗코들의 삶이란 아주 높은 확률로 한순간에 모든 재산이 사라져 버릴 수 있는 재해를 당할 것이라는 확정적으로 불안한 미래와 함께하는 것이었다. 에도에서 태어나 에도에서 살아가고 죽어야 할 에돗코들은 재난이라는 비일상을 일상으로 받아들이는 방법을 터득해야 했다. 에돗코들의 선택은 어차피 불에 타 없어질 거라면, 처음부터 재물을 다 써버리겠다는 데카당스적 라이프스타일이었다.[10] 무사계급의 소비에 더해 생산계급의 소비문화 유행은 에도를 극단적인 소비사회로 만들었다.[11]

에돗코의 소비는 (불타 없어지지 않을) 삶을 즐길 수 있는 엔터테인먼트로 향했다. 그들이 즐기던 엔터테인먼트는 공연예술(가부키, 조루리浄瑠璃 등), 스포츠 관전(스모相撲 등), 도박, 화류花柳 등이었다. 이는 지금의 현대 도시인들이 즐기는 보편적 엔터테인먼트와 본질적으로 같은 것이었다. 에도 시민들이 삶을 즐기려 했던 욕망은 대중 문화예술을 더욱 정제되고 세련된 방향으로 나아가게 만들었다.*
대중에게 멋있다고 공감을 받는 패션, 행동, 음식문화 등이 생겨나고 이를 추종함에 따라, 문화가 생겨나고 유행하고 사멸하는 사이클이 동작한다. 에돗코 문화는 도시적 세련미를 더해갔다. 에도는 문화의 중심지였고 에도에서 유행하기 시작한 모든 종류의 문화적

---

\* 굳이 '발전'이라는 말 대신 '세련'이라는 표현을 쓴 이유는 이러한 문화의 양상을 발전이라는 벡터를 가진 단어로 표현하는 것이 맞지 않다고 느꼈기 때문이다.

유산은 정비된 도로와 발단된 출판시스템을 통해 일본 전역으로 퍼져갔다.

그리고 앞서 1장에서 말했던 바와 같이 난숙해져 가는 에돗코들의 도시문화 속에서 멋지고 세련되었음을 의미하는 '이키'와 그 반대적 개념의 촌스럽고(도시스럽지 않고) 세련되지 못함을 의미하는 '야보'란 단어가 만들어졌으며 이를 일본을 대표하는 미학으로 만든 것이 구키 슈조였다.

### 3장
# 비일상의 일상, 일상의 비일상
## 에도의 미, '이키즘'

에돗코의 '이키', 에돗코의 미학은 일본 조닌 계층의
보편적 미의식과 도덕률로 확장되어갔다.

아마도 에돗코의 문화를 가장 잘 이해할 수 있도록 도와주는 것은 문화를 놀이의 결과물로 바라보았던, '놀이의 인간'이라는 뜻인 호모루덴스Homo ludens라는 개념을 제시한 요한 하위징아Johan Huizinga와 인간의 놀이를 분석하고 분류했던 로제 카이와Roger Caillois의 이론이라고 생각한다.

하위징아는 놀이를 인간의 정신적 창조 활동의 결과로 보고, 문화의 많은 부분이 근원적으로 놀이에서 유래한다는 것을《호모루덴스》(1938)라는 책을 통해 논증했다. 카이와는《놀이와 인간Les jeux et les hommes》(1961)을 통해 놀이를 아곤agon(경쟁), 알레아alea(우연), 일링크스ilinx(어지러움), 미미크리mimicry(흉내·모방)라는 네 가지 속성으로 분류하고 놀이 중에는 아곤과 알레아, 아곤과 미미크리와 같이 놀이의 각 속성이 동시에 존재할 수 있다는 점도 밝히고 있다.

카이와에 따르면 아곤에는 경주, 경기, 스포츠게임 등이 포함된다. 운과 우연이 지배하는 알레아는 플레이어가 통제할 수 없는 내기, 주사위 놀이, 복권, 가위바위보 등의 놀이가, 어지러움이나 현기증을 뜻하는 일링크스는 회전목마와 제트코스터 같은 놀이기구를 즐기는 놀이가 포함된다. 빙의, 의태擬態, 모방을 뜻하는 미미크리에는 소꿉장난, 가면 놀이, 극중인물에의 감정이입, 빙의를 경험하게 해주는 연극 등의 예술이 포함된다.[1]

에돗코들의 즐기던 대중문화의 공간은 크게 유곽, 가부키 극장, 그리고 마쓰리祭り로 불리는 제례적 축제의 중심이 되었던 절과 신사神社로 나눌 수 있다. 유곽은 '遊廓'이라는 문자 그대로 노는 곳이다. 또한 카이와의 분류에 따르면 가부키 극장은 극중인물에 감정이입을 하고 모방을 꿈꾸는 미미크리적 놀이터다. 인간이 통제할 수 없는 복과 안녕을 빌고, 어지러운 축제의 흥을 즐기며, 제비뽑기로 자신의 운을 점치는 구지비키くじ引き 등이 행해지는 절과 신사를 중심으로 하는 제례적 축제인 마쓰리는 알레아를 즐기는 놀이터라고 이해할 수도 있을 것이다.

다실에서 시작된 '와비사비'가 다실을 벗어나 다른 곳에서도 통용되는 미학으로 확장되어갔듯이 유곽에서 시작된 '이키'라는 미의식 역시 같은 놀이터였던 가부키 극장 등으로 확장되었고, 결국 저잣거리에서도 통용되는 미학으로 거듭나게 되는 과정을 살펴보겠다.


## 1. 비일상의 일상, 유곽

### 1) 요시와라

진짜처럼 보여야 하고 진짜처럼 보이지만 진짜가 아닌 사랑을 연기하는 비일상적 일상이 벌어지는 유곽과 현실처럼 보이지만 비현실적이고 비일상적이지만 일상처럼 벌어지는 연기演技를 하는 가부키 극장을 묶어서 나쁜 곳이라는 의미의 아쿠바쇼悪場所로 불렸던 것은 참으로 절묘한 표현이 아닐 수 없다. 유곽은 가부키와 함께 나쁜 곳이지만 없어서는 안 될 필요악으로서, 비일상적 상황을 다루는 일상적인 공간으로 존재한다.

 유곽은 여러 기루妓楼를 한데 모아 곽廓, 즉 높은 담으로 둘러싼 공간을 말한다. 에도 시대 이전부터도 교토, 오사카, 나고야 등의 도시에는 이미 유곽이 존재하고 있었다. 새로이 만들어진 에도에도 1618년, 막부의 공인하에 쇼지 진에몬庄司甚右衛門이 현재의 니혼바시 닌교초人形町 주변에 유곽을 세운다. 현재의 닌교초는 도시 한복판이지만, 당시에는 사람이 살지 않는 무성한 갈대밭에 지나지 않았다. 그곳에 세워진 유곽은 위원葦原, 즉 갈대밭이라는 이름으로 불렸다. '위원'은 일본어로 '요시와라'라고 발음한다. 요시와라는 '요시'와 동음이의어이자 더 좋은 뜻을 가진 '길吉'자를 사용하여 '길원吉原'이라고 쓰고 요시와라로 읽게 되었다. 요시와라는 에도의 60퍼센트가 소실되었던 '메이레키 대화재' 때에 전소된다. 이후 요시와라는 아사쿠사浅草의 유명한 절인 센소지浅草寺 근방의 거의 마을 하나 크기의 넓은 땅으로 옮겨 더욱 넓고 화려한 유곽이 되었다.

요시와라는 문화의 중심이 에도로 옮겨진 후, 가부키, 소설, 그림 등의 주요한 공간 배경으로 자주 사용되어 드라마틱한 특별함이 더해져 갔다. 요시와라의 고객층은 원래 다이묘 수준의 고위 무사 계급이었지만 점차 하위 계급으로까지 내려가게 되어, 아사쿠사로 옮긴 이후 요시와라의 주된 고객층은 무사계급만이 아닌 부르주아 조닌계급도 포함하게 된다.

상위계급의 손님들을 위해 기루의 주인들도 그들과 어울리는 교양을 쌓기 위해 다도와 꽃꽂이, 그림, 패션, 향, 제례 의식 등에 정통하게 되었고, 가부키 배우, 화가, 작가의 후원자가 되어주기도 했다. 또한 손님을 상대하는 유녀들에게도 문화 전반에 관한 교양을 익히게 했으니, 문화적 소양을 갖추고 유행을 창조해가던 요시와라의 최상위 계급 유녀를 오이란花魁이라 부르며, 노래와 춤을 부르

요시와라 유곽은 거의 마을 하나의 크기였다.

는 사람은 예능인이라는 뜻의 게이샤芸者라 부른다. 게이샤에는 남자 게이샤도 존재했었고 이들은 주로 손님의 기분을 맞춰주는 재담꾼의 역할을 맡았다. 주인과 손님, 유녀, 게이샤가 어우러져, 요시와라는 최신유행과 새로운 문화의 중심이 되었고, 최신유행의 발신지로서의 역할을 하게 되었다.[2]

요시와라에서는 신분적 차별이 없었다. 누구나 자유롭게 출입할 수 있었지만, 매우 호화롭고 거금의 비용이 들어가는 곳이기에 일반 서민들에게 있어서는 그저 가부키나 소설을 통해서나 상상해볼 수 있는 곳이었다. 따라서 서민층 사람들에게 요시와라는 그저 동경의 대상에 머무르게 된다.

## 2) 후카가와

인구 100만 명의 초거대 남초 도시였던 에도에 있어 이렇게 초고급의 요시와라만으로는 필요악의 장소는 절대적으로 부족하다. 이를 메우기 위해 교통의 요충지나 사람들이 많이 모이는 유명한 절과 신사가 있는 지역을 중심으로 공인되지는 않았으나 암묵적으로 허가되었던 유흥지들이 생겨났다.

그 대표적인 장소가 '이키'의 발상지라고 알려진 후카가와深川다. 후카가와는 에도를 남북으로 흐르며 경계선 역할을 하는 스미다가와 건너편, 현재의 도쿄도 고토구江東区 지역에 위치한다. 후카가와에는 에이다이지永代寺라는 큰 절과 도미가오카하치만구富岡八幡宮라는 큰 신사가 있었고, 이를 중심으로 사찰 앞의 거리라는 뜻의 몬젠나카초門前仲町라는 상업지구가 형성된다. 하지만 당시의 후카가와는 에도의 중심으로부터 많이 벗어난, 강 건너 교외 지역으로 인식되고 있었기에, 참배객의 숫자가 많지 않아 사람을 모을 수 있는 유인책을 필요로 하고 있었다. 이러한 사정으로 인해 경제부흥이라는 명목으로 막부는 암묵적으로 이곳을 유흥지로서 인정해주게 된다. 이후 몬젠나카초의 많은 요정料亭은 음식과 함께 노래와 샤미센을 연주하는 게이샤와의 유흥을 즐기는 곳이 되었다.

요시와라는 유녀와 게이샤의 역할이 구분되고 여러 가지 엄격한 규칙이 적용되는 고급 유흥지였다고 한다면, 후카가와는 서민적이며 유녀와 게이샤의 역할이 구분되어 있지 않고, 요시와라와 비교하여 상대적으로 유녀에게 많은 자유가 허용되었다. 후카가와는 세련되고 최신유행이 넘쳐나는 핫플레이스였다. 아무리 추워도 버선을 신지 않고 맨발로 다녔으며, 남자가 입는 겉옷인 하오리羽織를 걸치는 후카가와 게이샤 특유의 패션처럼 후카가와만의 독특한 문화가 발달하게 된다. 에돗코들은 이러한 후카가와의 문화를 세련됨으로 인식했고 후카가와 스타일을 '이키'하다고 여기게 되었다.

### 3) '이키'의 원점 후카가와

후카가와는 최신패션과 유행의 발신지가 되었다. 당시 일본에선 현대의 트렌디드라마처럼 최신유행을 따르는 세련된 주인공들이 핫플레이스를 배경으로 연애하는 연애소설이 크게 유행했다. 이와 같은 장르의 소설은 '닌조본人情本'이라 불렸다. 당시의 세련됨은 곧 '이키'였고, '이키'한 주인공들을 그리고 있는 '닌조본'은 '이키스러움'의 구체적 용례를 알 수 있는 좋은 텍스트가 되었다.

구키 역시 '닌조본'에서 '이키'의 세 요소인 '비타이', '이쿠지', '아키라메'의 예시를 가져오고 있다. 구키는 특히 '닌조본'의 대표적 소설인 봄을 알리는 달력과 같은 매화라는 의미의《슌쇼쿠 우메고요미春色梅曆》(1832-1833)에서 그 대부분의 예시를 들고 있는데, 먼저 '비타이'의 예로 사랑하는 남자 앞에서 적극적으로 구애할 줄 아는

오요시お由라는 등장인물을 꼽고 있다. 이야기의 초반에서 오요시는 다음과 같이 오초お長를 겁탈의 위기에서 구해주는 여장부로 그려지고 있다.[3]

> 나는 고우메小梅에 사는 미용사로, 오요시라고 하는 왈가닥입니다. … 이젠 남들한테도 알려져서 별로 져본 적도 없는 이 여협객의 왈가닥 기질. 에노시마에서 돌아오는 길에 괜히 미적거리다가 길을 잃어버린 것이 오히려 당신에겐 행운이었군요. … 어스름한 달밤 아래서 서서히 마을이 있는 쪽으로 오초를 데리고 가는 것이야말로 믿음직스럽구나.

이렇게 여장부인 오요시지만 연인인 도베藤兵衛 앞에서는 다음과 같이 적극적으로 '비타이'를 보이며 어필하고 있는데, 구키는 이 장면을 '비타이'의 좋은 예로 들고 있다.[4]

> **오요시**: "죽어도 좋아요" 하고 도베의 무릎에 붙어서 얼굴을 붉히며 고개를 숙인다.
> **도베**: "옷이 얇아서 춥겠네" 하고 이불을 덮어주며,
> **도베**: "허 참, 왠지 나도 춥네" 하고 한 이불을 덮는다.

여성이 보여주는 '이쿠지'의 형태는 《우메고요미》의 남자 주인공인 단지로丹次郎를 놓고 갈등하는 여주인공 요네하치米八와 오초

의 갈등 장면에서 확인할 수 있다. 다음은 단지로의 약혼녀인 오초와 단지로가 데이트를 즐기고 있던 장소에 나타난 요네하치가 단지로를 오초와 멀어지게 하고자 단지로를 자신이 살고 있는 곳으로 이사를 시키려고 하는 장면이다.[5]

요네하치가 곰곰이 생각하니, 오초는 단지로의 약혼자이며 요네하치 자신에게는 주인이기도 하니 잘못하면 오초에게 이 남자를 빼앗길지도 모른다. 또 단지로가 좋아하는 아이니, 긴장을 늦추지 말고 빨리 숨김없이 말하는 것이 좋겠다. …

**요네하치**: "전부터 도련님과 깊은 이야기를 나누고, 자유의 몸이 되고 나서는 물론이고 지금도 함께 살고 있지만 않을 뿐 손님과 술자리에 나가 있어도 마음은 떨어져 있지 않은 부부 사이"라고 일부러 싫은 소리를 하는 것은, 아직 시작되지 않은 오초의 마음속 연정을 미리 제거해버리려는 것이다.

**요네하치**: "그 때문에 내가 이런저런 이야기를 하는 것은 매우 실례지만, 가능한 한 열심히 금전적인 원조를 강구하여 정말 도련님을 도와주려 하고 있어요. 들어보니, 당신도 뭔가 어려운 지금의 사정, 하지만 절대 걱정하지 마요. 충분하지는 않지만, 당신도 어느 정도 도울 방법을 강구해서"라고 하자, 요네하치의 말을 다 듣지 아니하고 오초도 또한 나이는 어리지만 단지로에 대한 사랑의 마음으로,

**오초**: "정말로 친절은 감사하군요. 그러나 집에 있던 유녀들에게 폐를

끼치는 것은 염치가 없어요. 나도 어떻게 도련님에게 도움이 되고자 이제부터 좀 신경 쓸게요"라는 말을 듣고 요네하치는 깔보며 비웃는다.

**요네하치**: "어머 그러세요. 그렇다면 도련님은 행운이시군요"라고 말하면서 단지로를 향하여,

**요네하치**: "아참, 당신에게 말했다고 생각하고 잊고 있었네요. 후카가와의 나카초仲町에 작고 적합한 집이 있으니 서둘러 거기로 이사해주세요. 나카노고中の鄕는 내가 왕래하기에 멀고, 그리고 위험한 곳이니 힘들어요. 그렇게 하세요. 집에 돌아가면 세간이나 찬장 등을 사버릴 거예요."

단지로가 후카가와로 가게 된 것은 단지로를 위해 요시와라의 전속 게이샤에서 후카가와의 게이샤로 자리로 옮긴 요네하치의 거처가 후카가와였기 때문이다.

오초는 요네하치가 일하던 가게 주인의 딸이기도 했기 때문에, 나이는 어리지만 요네하치에게 단지로를 뺏기지 않기 위해서 단지로는 내가 신경을 쓸 테니 너는 빠지라는 '이쿠지'를 "정말로 친절은 감사하군요. 그러나 집에 있던 유녀들에게 폐를 끼치는 것은 염치가 없어요. 나도 어떻게 도련님에게 도움이 되고자 이제부터 좀 신경 쓸게요"라는 말로 돌려서 표현하고 있다. 이에 대해 요네하치 역시 오초보다 많은 경제력을 앞세워서 돈도 없는 너가 어떻게 단지로를 먹여 살릴 것이냐, 나는 단지로를 먹여 살릴 수 있으니 너는 빠지라는 '이쿠지'를 위와 같은 대사를 통해 나타내고 있는 장면으

로, 독자들은 두 여인의 '이쿠지' 대결에 재미와 매력을 느낀다.

확실히 슌스이의 다른 작품에서도 '이키'한 여성들을 묘사하는 데 있어, 이러한 '이쿠지'를 얼마나 멋있게 보여주는지가 포인트가 되는 점을 알 수 있다. 슌스이의 또다른 닌조본 작품인《슌쇼쿠 덴카노 하나春色伝家廼花》(1841) 제9회를 보면, 다음과 같이 다른 여성과 만나고 있는 것을 알아차린 오미쓰お光가 교사부로京三郎를 질책하는 장면이 있다.

**오미쓰**: "제가 당신을 사랑하는 것만큼 힘든 일도 세상에 없을 거예요. 또 당신이 고만 씨를 귀여워하는 것만큼 여자한테 친절하게 해주는 사람도 없을 거예요."

**교사부로**: "아니, 고만이라는 건 조루리에 등장하는 게이샤를 말하는 거니?"

**오미쓰**: "말 돌리지 마세요. 당신이 지극정성으로 귀여워하시는 고만 씨예요"라고 말하며, 웃는 입술이 귀엽고, 질투 어린 말을 하면서도 자연스레 색기와 애교가 있어 더욱 아름다운 오미쓰.

교사부로가 "조루리에 등장하는 게이샤"라고 말을 돌린 것은 고만의 이름이 유명한 지카마쓰 몬자에몬近松門左衛門의 조루리, 〈단바 요사쿠 마쓰요노 고무로부시丹波与作待夜の小室節〉의 주인공인 세키노 고만関の小万과 같기 때문으로, 이렇게 딴청을 부리는 교사부로에

3장 비일상의 일상, 일상의 비일상  **93**

대해 오미쓰가 질투를 하면서도 애교로 대응하는 장면이다.

이키의 요소 가운데 포기를 뜻하는 '아키라메'는 사랑을 쟁취하고자 하는 '이쿠지'가 전제가 되어야 그 가치가 빛난다. 예컨대 《우메고요미》의 속편인 《슌쇼쿠 우메미부네春色梅美婦禰》(1841)에서 요시와라의 유녀인 고노이토此糸가 사랑하는 사람인 한지로丹次郎를 놓고 라이벌인 오소노お園와 '이쿠지'를 보이며 갈등하나, 고노이토가 마지막에 "그럼 말할게요. 제가 부탁하는 거예요. 오소노 씨와 연인이 되어주세요. 라는 말을 듣고 놀란 한지로는 잠시 말문이 막혔다"라는 장면이 '아키라메'를 보여주는 대표적 장면으로 꼽을 수 있다.[6]

### 4) 후카가와 스타일, '이키'

구키는 《우메고요미》의 등장인물 중에서도 특히 요네하치를 '이키'의 모델로 여러 번 언급하고 있는데, 그 이유는 작가 슌스이가 《우메고요미》의 첫 번째 속편인 《슌쇼쿠 다쓰미노소노春色辰巳園》 제6회에서 요네하치가 '이키'하다고 명시하고 있기 때문일 것이다.[7]

세련된 그녀에게 어울리는 쌀겨주머니(때밀이용_필자 주)를 입에 물고 목욕에서 돌아오는 모습도 '이키'한 요네하치는 입고 있는 옷도 남색으로 두 번 염색해 농담濃淡을 표현한 유카타浴衣이다. 모란은 단지로가 자신의 상징으로 삼고 있는 꽃으로 그 모란의 꽃향기에 취해 (단지로를 보

《슌쇼쿠 다쓰미노소노》 제6회 삽화. 가운데가 요네하치

고 싶은) 마음이 급해져 가는데, 문 앞에 떨어져 있는 종이가 보여 혹시나 하고 재빨리 열어보니 …

요네하치는 항상 목욕탕을 들렀다가 연인인 단지로의 집으로 가는데, 마침 단지로의 집에서는 단지로의 새로운 연인인 아다키치仇吉가 머물다 떠난 상황이다. 문 앞에 떨어져 있던 종이는 단지로가 아다키치와의 다음 만남을 약속한 메모로, 곧이어 벌어질 단지로와 요네하치의 사랑싸움의 복선이 되는 장면이다. 슌스이는 이러한 장면을 연출할 요네하치의 자태가 '이키'하고 세련되었다는 지문을 덧붙이고 있다. 요네하치가 입고 있는 유카타의 색은 '시부미'의 남색이다. 요컨대 '이키'라는 추상명사가 시각화되어 구체화된 형상이 요네하치가 입고 있는 세련된 유카타인 것이다.

이렇게 등장인물의 의상을 묘사하는 것으로 등장인물의 성격을 표현하는 방법을 옷 입히기라는 의미의 이쇼즈케衣裝付け라 한다. 이쇼즈케는 다른 소설에서도 자주 쓰이던 기법이었지만, 슌스이는 보다 자세하고 세밀하게 의상과 장신구를 묘사하여 등장인물의 아름다움을 강조하는 이쇼즈케 기법을 잘 사용했다.

예를 들어 앞서 '이키'한 요네하치에 대해서는 요네하치가 처음으로 등장하는 제1회에서 다음과 같은 묘사로 요염한 20대의 '이키'스러운 모습을 그리고 있다.

문지방을 겨우 열고 안으로 뛰어들어온 모습은, 우에다上田* 지방의 굵은 명주실로 짠 쥐색 줄무늬옷, 허리띠 안쪽은 검은색 공단이고 겉은 보라색의 누에 모양을 줄무늬로 넣은 주름진 비단으로 된 구지라오비鯨帶,** 속옷은 쥐색을 띤 남빛이 중간 크기인 주름진 비단, 눈만 내놓은 방한용 두건을 손으로 잡고 있고, 흐트러진 머리는 시마다마게島田髷***를

---

\*　현재의 나가노현 우에다시로, 옛부터 생사(生絲)와 견직물이 유명했다.
\*\*　안과 겉을 각각 다른 색의 천으로 만든 기모노의 허리띠.
\*\*\*　에도 시대에 유행한 여자들의 머리모양으로 신분과 직업에 따라 달랐다. 여기서는 이 여인이 게이샤이므로 시마다마게를 눌러놓은 것 같은 쓰부시시마다(つぶし島田)의 머리 형태

하고 있다. 맨얼굴을 뽐내는 것인가 아니면 자고 일어난 그대로인가, 화장은 안 했어도 요염하게 웃는 아름다운 얼굴에, 수심에 찬 눈매 …

요네하치의 겉옷, 허리띠, 속옷, 두건, 머리 스타일까지 세밀하게 묘사하고 있어 요네하치에 대한 전체적인 인상을 독자들이 구체적으로 상상해볼 수 있게 해주고 있음을 알 수 있다.

요네하치의 연적인 오초에 대해서는 "남의 시선도 아랑곳하지 않고 예능을 배우러 다니는 한 명의 처녀, 나이는 열다섯이고 보름달처럼 빛나는 얼굴, 붉은 입술이 윤기 나는 모습에 다테伊達의 미마스三升의 패턴*이 이어진 작은 버드나무 자수의 띠도 요즘 유행하는 디자인"(제6회)을 입은 하이틴으로 설정되어 있다. 요즘 유행하는 디자인을 입는 패셔너블한 오초의 패션에 대해서는 다음과 같이 자세히 묘사되는 장면이 있다.

목욕탕의 장지문을 열고 나오는 사람이 누군가 하니, 이키스런 와카슈마게若衆髷** 머리모양을 하고, 방금 목욕을 끝낸 아름다운 벚꽃 빛 피부, 나이는 확실히 열대여섯에 소름이 끼칠 정도로 아름답다. 복장도 화려

---

를 하고 있음을 말한다.
* 가부키 배우 이치카와 단주로의 상징 문양. 연인인 단지로와 이름이 유사하기에 단주로의 문양을 입었다.
** 젊은 남자처럼 앞머리를 두고 머리를 묶은 스타일.

한 가와리지마㈜嶋에다가 잠옷寢卷에 묶는 좁은 허리띠細呑, 손수건을 입에 물고 매우 작은 회양목 빗으로 흐트러진 머리를 다듬으며 나오다 도베와 눈을 마주치곤 놀라며 … (제15회)

오초의 경우에도 겉옷, 허리띠, 빗, 머리 스타일 등 세밀한 패션 묘사가 이루어져 동년배인 10대 독자들이 충분히 패션의 참고로 삼을 수 있었음을 알 수 있다.

슌스이는 구키가 '이키'의 텍스트로 사용한 《우메고요미》 이외에도 많은 베스트셀러를 양산하고 있었다. 특히 완성도 면에서 가장 완숙한 작품으로, 휘파람새라는 의미의 제목인 《하루쓰게도리 春告鳥》(1837)를 들 수 있는데, 이 작품에는 20대 중후반의 여성인 오쿠마お熊의 세련되고 '이키'한 패션을 다음과 같이 두 군데에서 묘사하고 있다.

오쿠마도 27, 8세가 되었는데 … 오쿠마의 모습을 여기에 옮기면 지금은 게이샤를 그만두고 나서 그때의 느낌은 없어지고 삼구갑三龜甲의 가문家紋이 들어간 검은색으로 염색한 명주로 된 겉옷을 입었다. 거기에 검은색 새틴으로 만든 덧옷깃을 붙였는데 그 끝자락에는 촌스럽게 보이는 금사金絲와 은사銀絲로 된 나비가 수놓아져 있다. 아래 속옷은 삼선격자무늬의 혼하치조本八丈 옷감에 뒷면은 연한 남색으로 되어 있다. 보라색 쪼글 천잠天蠶 비단과 고비차媚茶색의 고돈스小緞子 비단을 맞붙인 오비帶를 메었다. 윗 속옷의 소매는 겐보兼房색의 고몬小紋 쪼글 비단에, 불타는 것 같은 빨간 비단을 안팎 가장자리를 맞대어 가지런히 꿰매었다. 속옷의 덧옷깃은 아마추어처럼 보이게 보라색과 연노랑색으로 굵은 고리 모양으로 홀치기 염색한 큰 문양 린즈綸子 비단을 사용했다. 깃고대 속으로 유젠友禪 방식으로 염색한 빨간색 몸통 부분이 살짝 보인다. 목에 바르는 분은 **마쓰모토松本의 무대향**舞台香, **얼굴에 바르는 분은 선녀향**仙女香, **용뇌향이 매화와 같은 것을 옅게 뿌리고, 연지는 사사야**笹屋**의 이로고노미**色好み, 눈썹을 밀어 파랗게 보여서 검은 눈동자가 강조되어 처연하게 보이는 눈가, 강하게 보여도 목소리는 꾀꼬리와 같아, 남자에 대한 말투는 넘치지 않고 자연스레 색기가 돈다. (제14회)

갈색 체크무늬의 무광 우에다上田 비단, 하의는 줄무늬 쪼글 비단에 밤색 격자무늬를 더했고, 옷단 안쪽엔 연한 남색 하부타에를 대었다. 회남색 홀치기 염색으로 된 긴 속옷과 오글쪼글한 비단의 연노랑색 속치마… 작자 왈 "이키한 옷차림입니다." (제15회)

앞서 요네하치와 오초의 경우보다 훨씬 더 세밀하게 묘사되고 있는 장면으로, 일본의 전통의상인 기모노着物의 겉옷과 속옷, 그리고 그 옷에 붙는 덧옷깃, 깃섶 등과 같이 세밀하고 부분적인 곳의 묘사는 물론, 얼굴용은 물론 바디로션, 향수에 이르기까지 세밀히 묘사하고 있음을 알 수 있다. 또한 굵은 글씨로 표시한 "마쓰모토

松本의 무대향舞台香", "선녀향仙女香", "사사야笹屋의 이로고노미色好み"는 현대의 PPL처럼 당시 실제로 판매하던 화장품들이었다는 점도 흥미롭다.

특히 오쿠마에 관한 묘사는 당시에는 중년이라 불리는 완숙한 27세 여성, 특히 화류계를 은퇴한 여성에 대한 것이었다. 세련된 옷차림을 하고 있으나, 겉옷의 덧옷깃엔 "촌스럽게 보이는 금사金絲와 은사銀絲로 된 나비", 속옷의 덧옷깃은 "아마추어처럼 보이게 보라색과 연노랑색으로 굵은 고리 모양으로 홀치기 염색한 큰 문양 린즈綸子 비단"을 사용한 것은 균형이 맞지 않는 것끼리 매칭하여 멋스러움을 더하는 소위 믹스 앤 매치mix&match 패션으로 자연스러운 섹시미를 가진 오쿠마가 얼마나 세련되었는지를 보여주는 부분이자, 슌스이가 묘사하는 세련된 패션의 수위가 어디쯤인지를 확실하게 알려주는 장면이 아닐 수 없다. 독자는 이러한 묘사를 통해, 오쿠마는 게이샤를 은퇴했기에 일부러 튀지 않으려 아마추어처럼 보이는 포인트를 주고 있지만 이 또한 세련되게 소화하고 있음을 알 수 있다.

오쿠마는 이러한 이키한 옷차림에 어울리는 매력적이고 '이키'한 여성으로 그려진다. 사랑하는 사람에게 인형을 선물 받고 "정말로 정말로 좋아요' 하고 기뻐하는 모습이, 마치 열여섯 살 아이처럼 자연스럽고 천진난만"(제15회)한 면이 있으면서도, 일할 때는 상대방에게 빈틈을 보이지 않는 프로의 모습이 묘사되고 난 후 작가의 변으로 "이런 언동은 방금 전에 인형을 받고 천진난만하게 좋아하던 모습이나 술을 마시던 모습과는 180도 다른 딱 부러지는 말투와 빈틈없는 중년 여성의 매력"이라고 설명하고 있다.

요약하면 오쿠마는 선물을 받으면 진심으로 기뻐할 줄 알고, 빈틈없는 일 처리가 가능하며, 세련된 복장이 어울리는 여성으로 이를 한 단어로 줄이면 '이키'한 여성이 되는 것이다.

## 2. 일상의 비일상, 가부키

가부키는 에도 시대 최고의 엔터테인먼트 가운데 하나였다. 우리가 영화를 보러 극장에 가듯 에도의 시민들은 가부키를 보러 극장에 갔다. 가부키의 어원은 상궤를 벗어난 일탈을 뜻하는 가타무키傾き다. 가부키모노かぶき者란 대개 화려한 옷을 망토처럼 두르고 가죽을 덧대어 입는다든가, 과장된 머리 스타일, 상궤를 벗어난 큰 칼, 큰 담뱃대 등 사람의 눈에 띄는 외양을 하고 흉폭한 행동과 과장된 언동을 일삼는 사람을 부르는 말이었다. 이러한 가부키모노는 무사계급의 억압과 생활고에 시달리던 에돗코들에게 있어 세상의 상식과 권력, 질서로부터의 반항, 반골의 상징으로 받아들여졌기 때문에 이러한 상궤를 벗어난 일탈자, 가부키모노를 주인공으로 삼는 가부키는 에돗코들에게 폭발적인 인기를 얻게 되었다(화보

의 그림 2에 있는 가부키 배우 이치카와 단주로의 모습을 보라).

가부키의 인기에 힘입어 에도에는 여러 가부키 상설극장이 세워진다. 극장들은 한정된 숫자의 가부키 배우들을 나누어 써야 했다. 9월 초순은 각 극장이 1년간 자신의 극장에서 연기를 할 배우들을 정하는 기간이었다. 각 극장은 인기배우를 데리고 오기 위해 경쟁해야 했고, 이는 배우들의 개런티 상승으로 이어져 천냥배우千兩役者라는 단어가 생길 정도였다. '천냥'이라는 표현은 많은 돈을 받는다는 의미의 과장법이겠지만, 현재의 금액으로 1000냥은 약 15억 원으로 어느 정도 단위의 금액이 오갔는지 쉽게 추측해볼 수는 있을 것 같다.

9월에 소속 배우가 정해지면, 각 극장의 전속작가들은 새로운 작품의 시대설정 등 작품의 세계관을 뜻하는 세카이世界를 정하게 된다. 가부키 대본 작가는 당시 사람들이라면 누구나 알고 있는 역사적 사건을 세카이로 하여, 여기에 당시의 시사時事에 관련된 소재와 아이디어(이를 취향이라는 단어를 써서 슈코趣向라 한다)를 섞어서 매년 다른 작품을 만들었다.

세카이에 슈코를 더한 새로운 작품이 만들어지면 공연을 준비한다. 가부키 공연은 11월에 시작하여 대개 1년에 6회를 공연했다. 11월에 개봉하는 초연을 배우의 얼굴을 보여준다는 뜻으로 가오미세顔見世라 부른다. 가오미세는 새로이 캐스팅되고 구성된 배우들의 매력을 보여줘야 하는 중요한 행사로 가부키의 정월 초하루라 불리기도 했다.

가오미세가 있는 날이면 극장별로 출연 배우들의 이름이 적힌 팸플릿이 뿌려지고, 에도는 기대감과 흥분으로 들썩인다. 극장에는 커다란 간판이 걸리고 극장 주변에 늘어선 찻집과 음식점에서는 처마에 등과 장식을 달아 축제 분위기를 더욱 고조시켰다.

가오미세 가부키에는 경사스러움을 강조하기 위해 여러 가지 규칙이 덧붙여졌고, 일종의 형식미를 가지게 된다. 그중 하나의 예로 "잠깐만!"이라는 의미의 시바라쿠暫로 불리는 일종의 시퀀스를 들 수 있다. 앞서 언급한 가부키모노의 특징, 즉 화려한 옷을 망토처럼 두르고, 상궤를 벗어난 큰 칼, 이상한 머리 스타일 등의 요소를 가장 많이 가지고 등장하는 인물이 시바라쿠의 주인공이다. 전체 작품의 이야기가 어찌 됐든, 이야기의 어딘가에서 권력을 가진 악한 귀족이 선량한 남녀를 죽이려고 할 때, 비딱하고 정상이 아닌 괴력의 가부키모노가 "시바라쿠!"를 외치며 등장하여 무자비한 폭력으로 악한 권력을 징벌하는 것에서 오는 카타르시스에 에돗코는 열광했으며, 가오미세의 관람은 파천황의 신을 알현하고 복을 비는 참배와 유사한 의식이 되었다. 이후에 다룰 내용이지만, 2020 도쿄 올림픽 개막식에 '시바라쿠'가 등장한 것은 이러한 의미와 상징을 담고 있기 때문이다.

악한 권력을 응징하는 장면에서 오는 카타르시스의 크기는 실제로 받았던 억압에 대한 불만에 비례한다. 권력자의 시각에서 보면,

가부키 극장 내의 모습. '시바라쿠'의 등장 장면(왼쪽 아래를 보라)

'시바라쿠'는 피지배층의 반항과 불만의 데포르메였다. 불만의 압력을 낮추기 위해 허용은 하나 결코 권장할 수는 없는 필요악, 가부키 극장이 아쿠바쇼, 즉 나쁜 곳으로 불렸던 또다른 이유였다.

1) 메이드 인 에도: 〈스케로쿠〉, 에도무라사키, '이키'

에돗코의 인기를 한 몸에 받던 가부키 배우들에 대한 팬덤은 현대의 아이돌이 그러하듯이 그들이 몸에 걸치는 의상, 색상, 몸짓, 대사 등 모든 것을 유행시킬 수 있는 힘을 가지고 있었다. 보라색이 BTS의 상징색인 것은 이미 세계적인 상식이 되었다. BTS만큼은 아니겠지만, 에도 시대의 보라색도 가부키 〈스케로쿠助六〉의 영향으로 세련되고 섹시하며 '이키'한 색상으로 인식되어 대단히 유행한다.

〈스케로쿠〉는 가마쿠라막부를 연 미나모토노 요리토모源賴朝가 1193년에 거행한 후지산에서의 사냥에서 소가曾我 형제가 아버지의 원수였던 구도 스케쓰네工藤祐経를 죽이고 복수에 성공한 실제 사건을 각색한 작품으로 줄거리는 다음과 같다.

소가 형제 가운데 동생 소가고로曾我五郎는 신분을 숨기고 하나카와도 스케로쿠花川戸助六라는 이름으로 도모키리마루友切丸라는 보검을 찾기 위해 유곽인 요시와라에 들어간다. 사치스럽고 화려한 옷은 아니지만, 흰색 안감으로 대비를 준 검은색 겉옷에 붉은색 속옷이라는 그때까지 보지 못한 강렬하고 세련된 색상 배치의 의상에 포인트로 보라색 머리띠와 칼 대신 큰 피리를 차고 있는 스케로쿠는 요시와라의 문을 들어서자마자 유녀들이 줄지어 "스케로쿠님~ 담배 한 대 피우고 가세요~"라고 유혹하는 인기남이자, 요시와라 안에서도 최고의 가게인 미우라야三浦屋의 유녀 아게마키揚巻의 애인이기도 하다. 스케로쿠는 요시와라를 지나다니는 손님들에게 일부러 싸움을 걸어 칼을 뽑게 만들어서 그 칼이 도모키리마루인지를 확인하고 있었다. 아게마키를 찾아오는 손님 중에 정확한 신분은 알려지지 않으나 (에돗코들이 싫어하는) 특권층의 고위무사로 그려지고 있는 이큐意休가 있었다. 이큐가 도모키리마루를 가지고 있는 것을 안 스케로쿠와, 스케로쿠가 소가고로임을 알아차린 이큐의 갈등이 그려지고 결국 스케로쿠는 이큐를 죽이고 도모키리마루를 되찾아 요시와라를 빠져나온다.

세련된 색상 조합인 검은색과 빨간색의 강한 대비를 준 스케로쿠의 패션은 스케로쿠가 요시와라의 유녀가 사랑에 빠질 만큼 매력적인 '이키'한 남자임을 시각적으로 표현해주고 있다(화보의 그림 6에서 스케로쿠의 패션을 보라). 스케로쿠는 이렇게 '이키'한 남자면서도 권력자로 상징되는 이큐를 도발해서 독설을 퍼붓거나 놀림거리로 만들 만큼 강한 남자기도 하다. 강한 자에게 강하고 약한 자에게 다정한 스케로쿠는 에돗코가 미미크리를 하고 싶은, 아니 해야만 될 이상형이 되었다.

스케로쿠뿐만이 아니었다. 유녀 아게마키도 스케로쿠에 못지않은 '이키'한 모습을 보여주며 그 매력을 뽐내고 있다. 아게마키는 온갖 감언이설로 다가오는 이큐에게 스케로쿠에 대한 일편단심을 보이며, 그에게 던지는 다음과 같은 대사는 관객에게 통쾌함을 전해주며 아게마키를 '이키'한 유녀의 전형으로 만들었다.

"얻어맞든 처맞든 누구 손에 죽게 되든, 그런 게 무서워서 사랑을 못 하겠나"
"이큐 님과 스케로쿠 님을 이렇게 나란히 놓고 보면 이쪽은 멋진 사나이, 저쪽은 심보가 고약해 보이는 남자. 빗대어서 말해본다면 눈과 먹물"
"자 베어보시지요. 아무리 나를 칼로 베어 죽여도 스케로쿠 님에 대한 마음은 벨 수 없을 터이니"

〈춘향전〉의 변 사또와 춘향이의 장면이 오버랩되기도 하는 이러한 장면 역시 약자였던 에돗코들의 반항 의식의 발현이라고 볼 수 있을 것이다. 그러나 실제 현실에서 조닌이 스케로쿠처럼 권력자에게 대항하는 것은 어려운 일이었다. 에돗코들의 반항 의식은 에돗코들을 대리만족시켜주는 스케로쿠와 스케로쿠를 연기하던 배우 2대 이치카와 단주로市川團十郎(가부키 배우의 이름은 습명으로 이어져 간다)에 대한 팬덤으로 나타났다(2대 이치카와 단주로의 이름은 이후에 또다시 중요하게 거론되니 잘 기억해두시면 좋겠다). 이러한 팬덤에는 부르주아 계층의 에돗코들도 예외가 아니었다. 이들은 〈스케로쿠〉를 공연하는 극장의 좌석을 전부 다 사버린다거나, 배우에게 의상과 도구를 사준다거나 하는 퍼포먼스로 〈스케로쿠〉를 보러온 사람들에게(무사들에게) 자신의 재력을 과시하는 방식으로 에돗코스러움, 혹은 반항 의식을 표출했고, 뭇 에돗코들은 이러한 부르주아들을 선망의 대상으로 바라보았다.

문화예술은 물론 유흥에도 씀씀이가 좋은 부르주아 에돗코들은 그 방면에 통달했다는 좋은 의미로 '다이쓰大通'라고 불렸다. 이들은 그들만의 패션으로 존재감을 드러냈고, 여러 가지 문화적 활동에 힘을 쓰며, 가부키 등의 문화예술에 있어서는 후원자 역할을 자처하며 에도의 문화를 더욱 세련되게 만들어가고 있었다.

가부키는 관객의 재미를 위해 그 당시의 풍속을 극 중에서 묘사하는 경우가 많았다. 당시에 실재로 존재하는 무언가를 극 속에서 묘사한다는 것은 그대로 선전과 광고로 이어졌다. 요시와라를 배경으로 하고 있는 〈스케로쿠〉의 광고는 그대로 요시와라에 대한 광고로 이어진다. 아게마키가 몸담고 있던 미우라야를 필두로, 무대 좌우에는 요시와라의 유명한 과자가게인 '다케무라이세竹村伊勢', 숙취해소제 '소데노우메袖の梅', 소바가게 '후쿠야마福山' 등이 등장하는 것은 극의 리얼리티를 높여줄 뿐만 아니라 실존하는 가게와 상품의 선전으로도 이어지고 있음을 알 수 있다. 〈스케로쿠〉는 가부키 극장과 유곽, 2개의 아쿠바쇼를 하나로 이어주는, 다시 말해 '이키'의 공간을 하나로 이어주는 역할을 한 작품이었다.

이제 〈스케로쿠〉에 등장하는 가게를 이용하는 것, 선전하는 과자나 숙취해소제를 먹고 마시는 것 모두가 유행이자 '이키'스러운 행동이 되었다. 또한 스케로쿠의 의상, 머리 스타일 등의 패션 역시 크게 유행하게 된다.

특히 스케로쿠가 이마에 동여맨 머리띠의 보라색, 보라색 중에도 에도의 보라색이라는 의미의 에도무라사키江戸紫는 원래도 인기가 많지만, 스케로쿠로 인해서 '이키'한 색의 대표 격이 되었다. 그런데 보라색 염료는 고가였다. 앞서 설명한 바와 같이 에도 시대 무사계급의 경제력은 화폐경제의 발달로 인해 악화일로를 걷고 있었고, 이를 회복하기 위해 여러 번의 개혁정책을 실시한다. 개혁정

책은 언제 어디서나 마찬가지로 서민들에게 더 많은 고통과 부담을 가중시킨다. 개혁정책의 일환으로 서민들의 사치를 금지하는 명령이 반복적으로 시행되었다(사치가 근절되지 않았다는 반증이다). 고가의 보라색은 사치품의 단골 항목이었다. 막으면 더 하고 싶어지는 게 인지상정으로 금지된 색이었던 보라색에 대한 소유욕은 커져만 갔다.

보라색 염료가 비쌌던 이유는 염료를 만들 자초紫草라는 식물의 생산지가 한정되어 있었고, 재배도 어려웠기 때문이다. 그러던 중에 에도 근방에서 자초의 재배에 성공하며, 가격이 내려가면서 보라색 염료의 수요를 맞출 수 있게 되자 보라색은 더욱 큰 유행을 하게 된다. 에도의 물로 키운 자초에서 나온 보라색이라는 뜻에서 에도무라사키라고 불리게 된 보라색은 '메이드 인 에도'라는 의미를 포함해서 에돗코에게 '이키'한 색으로 통하게 된다.

머리띠뿐만 아니라 당시의 인기배우가 무대에서 입은 의상은 항상 주목의 대상이었으며, 자신이 좋아하는 배우의 문양과 트레이드마크를 본뜬 옷을 만들어 입는 것이 유행했고, '이키'한 행동으로 여겨지게 되었다. 가부키는 에도 패션의 발신지이자 '이키'의 발신지였다.

## 2) 가부키에서 시작된 패션 스타일: 미스터리 패턴, 이치마쓰, 벤케코시

커스텀플레이costom play는 특정 시대의 의상을 입고 연기하는 시대극을 뜻하는 말이었다. 일본에서 자신이 좋아하는 만화나 애니메이션, 영화, 게임에 등장하는 캐릭터의 의상과 머리 스타일을 그대로 모사하며 즐기는 팬덤이 생기면서, 이러한 놀이를 코스튬 플레이costume play라고 불렀다. 이를 줄여 부르는 코스프레cosplay란 단어는 전 세계에서 통용되는 세계어가 되었다. 자신이 좋아하는 캐릭터를 '미미크리'하고 싶은 욕망을 적극적으로 타인에게 드러내고자 하는 행위를 코스프레라고 한다면, 에도 시대에도 가부키 배우나 가부키에 등장하는 캐릭터를 모티브로 한 옷감 패턴 등을 입는 일종의 코스프레가 크게 유행한다.

현대의 코스튬 플레이가 대상 캐릭터에 최대한 닮을 수 있도록 노력한다면, 에도 시대의 코스튬 플레이는 타인에게 그 의미가 직접적으로 전달되지 않도록, 암호처럼 글자나 그림을 꼬아서 표현하는 방식(한지모노判じ物라고 한다)을 채택해서 추상적인 문양으로 표현하는 점에 차이가 있다. 이러한 미스터리 패턴은 일종의 은어와 같은 효과를 가지게 되어, 패턴의 의미를 이해할 수 있는 세련된 그룹, 즉 '이키'의 그룹과 그렇지 않은 촌스러운 그룹, '야보'의 그룹을 나누는 역할도 하게 된다.

그 몇 가지 예를 든다면, 먼저 앞서 언급한 〈스케로쿠〉의 주인공

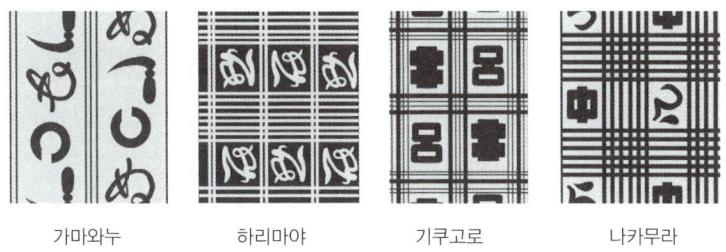

| 가마와누 | 하리마야 | 기쿠고로 | 나카무라 |

가부키와 관련된 미스터리 패턴

이자 가부키를 대표하는 이름인 이치카와 단주로의 '가마와누(かまわぬ)' 패턴이란 것이 있다. 7대 이치카와 단주로(1791-1859)가 무대의상에 사용한 '가마와누' 문양은 '불도 물도 상관없이(가마와누 構わぬ) 몸을 던져 약한 자를 돕는다'라는 뜻을 형상화한 것이다. 여기에 가마(낫)와 와(동그라미)를 대신 사용하여 수수께끼처럼 그 뜻을 숨기고 있는 패턴이다.

인기배우 단주로의 패턴이기도 했고 '불도 물도 상관없이 몸을 던져 약한 자를 돕는다'라는 의미 역시 에돗코의 취향과 맞아떨어져 손수건이나 옷의 문양 등으로 폭발적으로 유행했으며, 현재에도 인기 있는 문양으로 사용되고 있다.

또한 가로줄 8개는 8을 의미하는 '하(は)'로, 세로 2줄은 일본어의 '리(り)'로 읽게 하고, 초서체로 쓴 만(満) 자는 히라가나 '마(ま)'의 옛 글자이기도 해서 '마'로 읽으면, 가부키 배우였던 나카무라 기치에몬 中村吉右衛門의 '야고屋号'(일종의 호)인 '하리마야播磨屋'를 뜻하는 패턴

3장 비일상의 일상, 일상의 비일상   111

이 된다.

다음 패턴 역시 가부키 배우인 '오노에 기쿠고로尾上菊五郎'의 이름을 따서 만든 패턴이다. '기キ'와 '로ㅁ' 사이에 세로 5줄 가로 4줄을 합치면 9라는 숫자의 일본어 '쿠ヵ' 세로 5줄의 숫자 5의 일본어 '고ㄷ'를 합쳐서 '기쿠고로'가 되는 것이다.

가부키 배우와 관련한 미스터리 패턴을 자세히 보면 가로줄과 세로줄의 체크 패턴, 즉 격자 패턴을 기본으로 하고 있음을 알 수 있다. 기존에도 격자 패턴의 옷감 디자인이 없던 것은 아니었으나, 미인으로 유명했던 배우 사노가와 이치마쓰佐野川市松(1722-1762)가 가부키 〈고야신주高野心中〉(1741)에서 주인공 '구메노스케粂之介'를 연기하며 입었던 격자 패턴의 의상이 굉장한 인기를 얻게 되자 이때의 격자 패턴이 세련되고 멋진 디자인으로 인식되었고, '이치마쓰市松'라는 이름으로 무대의상을 넘어 현실에서도 유행한다.

사노가와가 걸치고 있는 겉옷의 격자 패턴의 색상은 '아사기浅葱'라고 불리는 색으로 영어로는 pale blue-green 정도로 번역할 수 있는 색이다. 화려하기보다는 수수한 '시부미'에 속하는 색임을 알 수 있다.

'아사기' 색의 체크무늬, 즉 '이치마쓰' 패턴은 한국에서도 선풍적인 인기를 끌고 있는 일본 애니메이션 〈귀멸의 칼날鬼滅の刃〉의 주인공 '카마도 탄지로竈門炭次郎'가 입고 나와 화제가 되었다.* 가장 일본적인 패턴 가운데 하나로 여겨지는 '이치마쓰'는 현대의 애니

사노가와 이치마쓰가
구메노스케를 연기하며
입었던 격자 패턴 의상

〈귀멸의 칼날〉의 주인공
카마도 탄지로가 입은
격자 패턴 의상

메이션에서 재해석되어 사용되고 있을 정도로 21세기에도 여전히 매력적이고 세련된 패턴으로 받아들여지고 있다. 그래서일까. '시바라쿠'와 마찬가지로 이후에 다룰 내용이지만, '이치마쓰' 패턴은 2020 도쿄올림픽의 공식 엠블럼의 모티브로 사용되었다.

가부키 〈나쓰마쓰리 나니와 가가미夏祭浪花鑑〉(초연: 1745)의 주인공 '단시치 구로베団七九郎兵衛'와 '잇슨 도쿠베一寸徳兵衛', 가부키 〈이모세야마 온나 데이킨妹背山婦女庭訓〉(초연: 1771)의 주인공 '후카시치鱶し', 〈요시쓰네 센본 자쿠라義経千本桜〉(초연: 1747)의 주인공 '이가미노 곤타いがみの権太' 등 주로 남성성을 강조하는 주인공들이 입는 격자 패턴은 '벤케코시弁慶格子'라는 이름으로 불리며 가로선과 세로선이 겹치는 부분이 진하게 표현된다(화보의 그림 7).

무대의상이었던 '벤케코시'도 '이치마쓰'와 마찬가지로 현실에서 크게 유행한다. 에도 시대의 유명 화가였던 기타가와 우타마로 喜多川歌麿의 미인도 시리즈(婦人人相十品相観) 가운데 하나로, '유리나팔을 부는 소녀'라는 의미의 〈비도로오 후쿠 무스메ビードロを吹く娘〉(1790-1791)는 마치 현대의 브로마이드 사진처럼 당시에 미인으로 소문이 난 여염집 소녀를 그린 그림으로, 빨간 '이치마쓰' 무늬가

---

\* "〈귀멸의 칼날〉은 다이쇼 시대를 무대로, 가족을 악귀에 잃은 소년 카마도 탄지로가 악귀로 변한 여동생을 사람으로 되돌리기 위해서 싸우는 이야기다. 원작 단행본의 누계 발행 부수(전자판 포함)는 1억 부를 돌파, 극장판은 공개로부터 17일간 흥행 수입이 약 158억 엔에 달해, 일본 흥행 수입 랭킹 역대 10위가 되었다."《読売新聞》, https://www.yomiuri.co.jp/culture/subcul/20201105-OYT1T50182/.

인상적이다(화보의 그림 8).

우타마로와 함께 손꼽을 수 있는 에도 후기의 대표 화가로 우타가와 구니요시歌川国芳(1798-1861)를 들 수 있다. 구니요시는 무사를 그린 무사화武者絵와 미인화로 호평을 받았다. 자신의 장기를 살린 구니요시는 일본 헤이안 시대의 명성 높은 무사이자 승려였던 무사시보 벤케武蔵坊弁慶(?-1189)의 생애를 미인화로 메타포한 '시마조로이 온나 벤케縞揃女弁慶' 시리즈를 그려 인기를 얻는다.

'시마조로이 온나 벤케' 중에서 에도 3대 초밥집 가운데 하나로 유명했던 '후카가와 아타카 롯켄보리深川安宅六軒堀'(현 고토구 신오하시新大橋 부근)에 있던 '마쓰가스시松ヶ鮨'를 그린 〈아타카노 마쓰安宅の松〉라는 작품은 초밥을 달라고 조르는 아이의 귀여운 모습이 포인트인 그림이지만, 여인이 입고 있는 '벤케코시'를 통해 당시의 유행을 짐작할 수 있게 해준다(화보의 그림 9).

## 3. '이키'로 표현되는 에도의 미

1) 패션

에도 시대에는 가부키에서 유래한 미스터리 패턴, '이치마쓰', '벤케코시' 외에도 다양한 디자인이 유행하고 사라져갔다. 그중에서도 특히 스트라이프, 지오메트리, 도트 패턴은 많은 인기를 얻으며 에도 시대를 대표하는 '이키'한 패션으로 자리잡는다.

'시마縞, stripe'는 스트라이프 패턴을 의미한다. "기모노는 시마에서 시작해서 시마로 끝난다"라는 말이 있을 만큼 에도 시대에 가장 유행했고 세련된 패턴으로 인식되었던 '시마'는 그 인기만큼이나 다양한 배리에이션을 가지고 있다.

스트라이프는 직물의 텍스쳐와의 조합으로도 다양한 변화를 가져올 수 있다. 대표적으로 '지리멘縮緬'으로 불리는 요철감이 있는 직물과 스트라이프의 조합은 에도 시대의 가장 인기 있는 직물 패턴이었다(화보의 그림 10).

앞서 우타마로, 구니요시의 예에서도 알 수 있듯이, 에도 시대의 유명 화가들이 그렸던 미인도는 당시 최첨단의 패션과 의상의 코디네이션을 알려주는 패션잡지의 광고모델 사진과 같은 역할을 했다. 또다른 유명 화가인 우타가와 히로시게歌川広重의 '한밤중의 스미다가와 강둑에 핀 벚꽃'이란 의미의 〈스미다 쓰쓰미 야미요노 사쿠라墨田堤闇夜の桜〉에 그려진 '가와리시마変り縞'의 겉옷을 입고 있는 여성의 그림이 그런 예다(화보의 그림 11). 손에 들고 있는 등에는 '오구라안小倉庵'이라고 쓰여 있다. '오구라안'은 당시 혼조本所 고우메小梅에 있던 유명한 요정의 이름이다. 여성이 손에 들고 있는 것은 현재에도 인기리에 판매 중인 당시의 초히트 디저트였던 조메이지長命寺의 벚꽃떡桜餅으로 보인다. 첨단의 유행 패션을 입고, 핫플레이스를 다니며 인기 상품을 즐기는 여성은 뭇 여성들이 따라 하고 싶어하는 워너비가 되었다.

 체크, 스트라이프 패턴과 더불어 에도 시대에 유행했던 또 하나의 '이키'한 패턴은 파인 패턴pine pattern으로 분류할 수 있는 '고몬小紋, geometry & dot' 패턴이 있었다. '고몬'은 작은 문양이라는 한자의 뜻처럼 작은 문양이 무수히 반복되는 패턴으로, 멀리서 보면 작은 무늬는 안보이고 단색으로 보여 꾸미지 않은 것처럼 보이는 것이 특징이다. 앞서 예로 든 일본향당의 '에도니시키이키'와 '에도니시키쓰야'의 케이스에 그려진 패턴이 가장 대표적인 '고몬' 패턴이다(화보의 그림 5). 왼쪽의 '에도니시키이키'에 사용된 패턴은 '사메鮫'(상어가죽 무늬)라 불리는 패턴으로, 가로세로 3센티미터에 400여 개, 더욱 잘은 '사메' 패턴을 뜻하는 '고쿠사메極鮫'는 약 900여 개 정도의 하얀 점(풀을 묻혀 염색이 들지 않아 하얀 점으로 표현된다)이 들어간다. 언뜻 보면 문양이 없는 수수하고 검소한 옷감으로 보이지만 자세히 보면 염색하는 데 많은 품이 들어간 비싼 고급 옷감임을 알 수 있는 것이 특징이다. '에도니시키쓰야'에는 '아사노하麻の葉' 문양으로 불리는 패턴이 사용되었다. '아사노하'는 대마의 잎을 뜻한다. 기본적인 모양은 정육각형으로, 기하학적인 형태로 대마의 잎을 형상화한 이 패턴은 예전부터 사용되고 있었으나, 에도 시대에 들어 문양을 작고 잘게 만든 '고몬'으로 응용되어 '사메' 패턴과 마찬가지로 수수해 보이나 실은 세련된 '이키'한 패턴으로 받아들여져

마쓰바치라시(흩뿌려진 솔잎) 문양

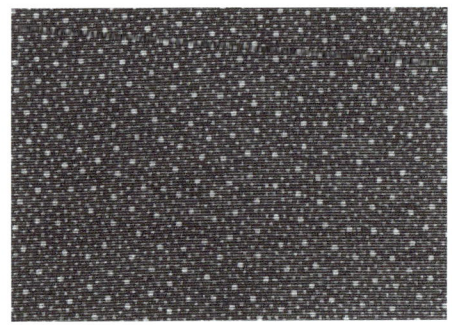

아라래(눈싸라기) 문양

유행한다.

'사메', '아사노하' 외에도, 솔잎을 뿌려놓은 모양의 '마쓰바치라시松葉散らし' 패턴, 싸락눈을 이미지화한 '아라래霰' 패턴, 육각형의 거북이 등껍질을 묘사한 '벳코鼈甲' 패턴 등도 '이키'한 패턴으로 크게 유행했고, 현재의 일본 기모노에서도 여전히 사랑받는 패턴들로 생명력을 유지하고 있다.

이러한 패턴의 옷감들을 레이어링하는 방법 역시 패션이었다. 슌스이의 소설 속에 묘사된 여러 연령대의 여성 패션 역시 옷감들과 옷감들의 레이어링의 견본이었다면, 그림으로 그려진 미인도 역시 세련된 레이어링의 견본이었다.

예를 들어 또 한 명의 에도 시대를 대표하는 유명한 화가였던 게이사이 에이센渓斎栄泉(1791-1848)이 당시의 미인들을 그린 최신유행을 잘 볼 수 있는 안경이라는 뜻의 〈도세 덴간교当世點眼鏡〉에는 '고몬' 패턴과 '벤케코시'의 격자 패턴을 함께 코디한 여성을 그리고 있어 당시 첨단 패션의 유행을 확인할 수 있다(화보의 그림 12).

이렇게 유행의 첨단을 걷는 세련된 여성에게 붙이는 미사여구는 '이키'였다. 구키도《이키의 구조》5장〈'이키'의 예술적 표현〉에서 격자, 시마, 고몬 패턴의 문양은 '이키'가 예술적으로 표현되고 있는 하나의 예로 설명한다. 구키의 영향이었을까. 일본에서 '시마' 패턴을 설명할 때마다 '이키'라는 단어가 함께 붙어 다니는 것을 종종 목격한다.

예컨대 패션과 음식, 문화에서 표현되는 '이키'를 설명하는《에도의 이키: 동도문물왕래江戸の粋－東都文物往来》에서는 '시마' 패턴에 대해 다음과 같이 설명하고 있다.[8]

세로 스트라이프를 중심으로 하는 '시마' 무늬가 얼마나 에도 조닌의 복식으로서 인기를 얻어왔는지는 에이센, 구니요시, 히로시케, 도요쿠니 등이 그린 수많은 우키요에와 현재에 전해져 내려오는 '시마' 견본첩縞見本帖, '시마' 패턴첩縞帖 등으로 넉넉히 짐작할 수 있다. '시마', 특히 세로로 된 '시마'는 언뜻 보기에도 확실히 세련되어 '이키'스럽다. … 통상 우리들은 '시마' 무늬를 '이키'라는 단어와 연결지어 생각하지만, '시마'를 입었다고 '이키'가 되는 것은 아니고, 어떻게 맵시 있게 입었는지가 '이키'였음을 잊고 있다. 수많은 그림을 봐도 알 수 있긴 하지만, '시마'를 잘 소화해서 입는 것이 여성을 여성스럽게 남성을 남성스럽게 보이는 패션을 만들어내는 것이었다. 에도 조닌에게 있어서 이상적인 인생관이었던 '세련되고 긴장감 있는 성적 매력'을 잘 상징화한 무늬이다.

이키에 대해 구키가 '세련되고 긴장감 있는 성적 매력'을 언급하고 있는 것에서도 알 수 있듯이 '시마' 무늬에서 '이키'를 연상하는 것은 구키의 영향이 컸음을 알 수 있게 해주는 대목이다.

구키는 과거에 유행했던 화려하고 사치스러웠던 디자인에서 스트라이프와 체크무늬로의 변천을 세련되어지는 과정으로 해석하지만, 이러한 패션의 흐름이 결코 자연스러운 과정은 아니었다. 귀족과 지배층을 위한 기모노는 에도 시대 이전에도 이미 옷감 전체에 금사은사金絲銀絲로 커다랗고 화려하게 화조풍월花鳥風月의 자수가 놓이어 있었으며 그 사치스러움과 고급스러움(그리고 가격)은 극에 달해 있었다.

도쿠가와 막부가 소박함과 검소함을 무사의 미덕으로 강조했다는 점은 '와비사비'의 장에서 설명한 바 있다. 이러한 소박함의 기조 속에서 금사은사를 사용해서 수를 놓는 의상을 금하는 법령이 내려지자(1683), 옷감을 꾸미는 방식은 자수에서 상대적으로 저렴한 염색으로 옮겨갔다. 소박함을 기조로 했지만 이어지는 겐로쿠元祿 시대(1688-1704)는 에도의 버블 시대로 불릴 만큼 경제적·문화적으로 풍요로웠던 시대였다. 풍요의 시대였던 만큼 사치를 금하는 법령이 있었음에도 (자수는 없을지언정) 화려한 디자인의 의상은 계속 유행했다. 특히 도안에 풀을 먹여 염색이 들지 않게 함과 동시에 붓으로 원하는 곳에 색을 넣어 화려하고 정교한 그림을 옷감에 새길 수 있는 유젠友禪이라는 염색기법이 보급되자 염색만으로도 충분히 화려함을 자랑할 수 있게 되었다(화보의 그림 13).

겐로쿠 버블이 꺼진 후, 무사계급의 재정은 급격히 악화되었고, 이를 개선하기 위해 8대 쇼군인 도쿠가와 요시무네德川吉宗(1716-1745)는 재정개혁을 통한 안정적 국가 운영을 목표로 하는 '교호 개혁享保の改革'으로 불리는 일련의 프로젝트를 진행한다. '교호 개혁'의 본질은 무사계급의 재정 개선이었지만, 그 목적은 가려지고 (주로 조닌들의) 풍기문란과 퇴폐적이고 사치스러운 문화를 단절하여 사회의 기강을 바로잡고 올바른 사회로 돌아가겠다는 명분이 앞장섰다. 결과적으로 가부키나 소설 등의 예술 분야는 물론 패션과 생

활문화에 이르기까지 조닌들의 대중문화는 심한 탄압을 받게 된다. 가장 눈에 잘 띄는 의상 역시 예외는 아니어서, 유젠과 같은 화려하고 비싼 기법의 옷감은 단속의 쉬운 표적이 되었다.

  유젠에 비해 격자, 스트라이프, 고몬 패턴은 기본적으로 하나의 틀을 만들어서 색을 입히는 작업의 반복으로 만들 수 있기 때문에 유젠을 포함한 다른 염색기법과는 비교도 되지 않을 만큼 대량생산이 가능했고, 따라서 상대적으로 저렴한 가격으로 디자인을 즐길 수 있었다. 대중들의 자연스러운 선택도 아니었고, 처음부터 원하던 바는 더더욱 아니었으나, 멋을 내는 행위를 포기하지 않았던 에돗코들은 격자, 스트라이프, 고몬 패턴이라는 해답을 내놓았다. 지금에 이르러서도 세계적으로도 격자, 스트라이프, 고몬 등이 보편적인 패턴으로 사용되고 있는 것을 생각해본다면 에돗코의 해답은 정답이었음을 알 수 있다.

  '이키'한 패션은 에돗코의 위로부터의 억압에, 그 명령에는 따르나 다른 방식의 멋을 찾아내겠다는 고집, 즉 '이쿠지'에서 나온 패션이었던 것이다.

## 2) 건축, 음식, 음악 스타일로서의 '이키즘'

유곽에서 탄생하고, 극장에서 구체화되어간 '이키'라는 스타일은 유행이라는 양탄자를 타고 담을 넘어 저잣거리로 퍼져간다. '이키'

의 의미는 확장되어 우리나라 말의 '멋'과 비슷한 스펙트럼으로 사용되었다. '이키하다'라는 말은 '멋있다'라는 우리말처럼 사람의 행동과 패션뿐만 아니라, 유행가나 공간에도 사용할 수 있는 하나의 스타일을 일컫는 범용적 표현이 되었다.

슌스이의 닌조본 중에서 '봄에 핀 어린 풀'이라는 뜻의 《하루노 와카구사春の若草》(1830년대) 제5회에는 다음과 같은 묘사가 있다.

고하나야小花屋라고 하는 곳은 요사이 인기를 얻고 있는 요정으로 나날이 번창하며 ① '이키当世'한 곳으로 알려져 있다. 이날도 손님이 붐비는 가운데 어느 방인지는 모르겠으나, 들뜬 가락의 샤미센은 소리도 ② '이키'한 기요모토清元의 관능적인 구절이다. … "급하면 손해라 하지 않더이까"라는 노래를 한 귀로 흘러들으며, 이쪽의 방 한 켠에 있는 서른한두 살로 보이는 손님은 단단해 보이며 담백한 모습이다. 술이 거나하게 취한 것 같은 모습으로 스물너더섯의 ③ '이키'한 게이샤와 함께 하고 있는데,

'고하나야'라는 요정을 ① '이키当世'한 곳이라고 하고, "급하면 손해라 하지 않더이까"라는 가사를 가진 〈오한お半〉이란 제목의 노래를 ② '이키'한 기요모토(조루리의 한 장르)라고 한다. 그리고 게이샤에 대해서도 ③ '이키'하다고 평한다. 이제 '이키'라는 형용사는 패션만이 아니라 사람, 노래, 공간에 대해서도 사용할 수 있는 특정

스타일을 지칭하는 단어가 되었다.

또한 앞서 소개한 구니요시의 '온나 벤케' 그림을 보면(화보의 그림 9), 여인이 왼손에는 도시락을 오른손에는 새우초밥을 들고 아이에게 줄 듯한 모습을 취하고 있다. 그림에 쓰여 있는 문장을 보면 마쓰가스시라는 가게의 초밥임을 알 수 있다. 현재 우리에게 익숙한 형태의 초밥(니기리즈시握り寿司로 불리는 뭉친 밥 위에 생선을 올린 모양)을 만든 사람이 바로 그림에 있는 '마쓰가스시'의 주인이었던 사카이야 미쓰고로堺屋松五郎다.[*] 그림에서 알 수 있듯 손으로 집어 먹을 수 있게 만든 당시의 패스트푸드였던 에도의 초밥, 즉 니기리즈시도 성격 급한 에돗코들에게 딱 맞는 '이키'한 음식으로 여겨지며 유행한다.

이제 '이키'는 '이키즘ikism'이라 불러도 무리가 없을 만큼 문학, 미술, 음악, 건축, 패션, 음식 등의 모든 문화예술 분야에서 통용되는 하나의 미학적 스타일을 의미하는 개념으로 확장되었다.

이제부터 문화예술 분야로 확장된 미학 스타일로서의 '이키'를 '이키즘'이라 불러 협의의 '이키'와 구분짓고자 한다.

이러한 '이키즘'을 잘 보여주는 대표적인 공간이 바로 요정이다. 고급 음식점을 의미하는 요정이란 단어는 우리에게도 꽤 친숙한

---

[*] 혹은 료고쿠(両国)에 있던 에도 3대 초밥집 가운데 하나인 요헤스시(与兵衛鮨)의 하나야 요헤(華屋与兵衛)가 창시자라고도 한다.

이름이다. 에도 시대 조닌들의 경제력이 성장함에 따라, 비즈니스를 위한 접대와 회합의 장소가 필요했고, 이러한 요구에 대응하여 등장하게 된 것이 요정이었다.

요정은 회합을 위한 음식, 다시 말해 회식을 위한 음식점이라는 뜻으로 가이세키료리会席料理로 불리기도 하고, 당일의 가장 신선하고 좋은 재료가 무엇인지를 보고 즉석에서 메뉴를 정하는 방식으로 요리를 만들었기에, 즉석卽席요리라고도 불렸다. 또한 요릿집을 의미하는 료리야料理屋, 음식과 차를 즐기는 곳이라는 의미의 료리차야料理茶屋, 재료를 가르고 끓인다는 의미의 갓포割烹(최근 우리나라에서도 자주 보이는 이름이다)라고도 했다.

요정에서 나오는 음식을 부르는 가이세키 요리는 '와비사비'를 강조하는 차회茶会에서 차를 마시기 전에 허기를 면하기 위해 먹는 가이세키懐石(한자가 다르다) 요리를 파티와 술자리의 음식으로 변화시킨 요리다. 가이세키懐石 요리는 '와비사비'의 차회에서 나오는 요리였기 때문에, 마치 스님들이 먹는 음식처럼 최대한 간결하고 배부르지 않을 상차림이었다.

따라서 회식을 위한 가이세키会席 요리 역시 기본적으로 한 그릇에 담긴 음식의 양이 적고 간결한 음식과 함께 메인 요리가 더해지며, 깔끔하나 색채적으로 화려한 특유의 요리가 구성되어갔다. 비즈니스와 회합을 위해 식사가 아닌 술을 위한 안주에 가까운 구성이었다는 점이 특징인 가이세키 요리는 현재에도 일본의 온천 료

차회를 위한 가이세키(懷石) 요리

칸旅館 등의 공간에서 즐길 수 있는 대표적 요리로 인기가 높다. 또한 현재에는 '懷石'와 '会席'의 한자표기는 혼용되어서 사용되고 있다.

회합의 장소로서 인기가 높아진 요정은 참배객이나 행락객이 많이 모이며, 경치도 좋고 배를 대기 편해 교통이 좋은 강가를 중심으로 앞다투어 세워졌고 이윽고 인기가 있던 요정 자체도 하나의 명소로 여겨지게 되었다.

당대의 유행을 스냅샷 사진처럼 묘사해서 그려내던 우키요에는 앞다투어 요정을 테마로 한 그림들을 그려내기 시작했다. 앞서 이름이 거론된 거의 대부분의 화가들이 요정을 테마로 한 그림을 그려낼 정도였다.

특히 히로시게가 그린 에도의 이름 높은 요정 모음집이라는 의미의《에도 고메이 가이테 즈쿠시江戶高名会亭尽》라는 그림집은 각 요정의 특징과 공간의 아름다움이 잘 드러나 있다. 특히 모쿠보지木母寺의 우에키야植木屋와 야나기시마柳島의 하시모토橋本, 료고쿠両国의 아오야나기青柳를 그린 그림에서는 배에서 내려 바로 요정으로 들어갈 수 있었던 편리하고도 호사스러운 요정의 구조를 확인할 수 있다.

왼쪽 위부터 시계 방향으로
모쿠보지의 우에키야,
야나기시마의 하시모토,
료고쿠의 아오야나기

　많은 요정이 생기고 치열한 경쟁 속에서 요정에서 제공하는 새로운 서비스들이 생겨난다. 그 결과 에도 말기의 요정은 단순히 술과 음식을 파는 음식점이 아닌, 취침과 목욕탕, 그리고 유카타 대여에 이르기까지 마치 현대의 특급 호텔과 같은 서비스를 제공하는 복합문화공간이 되었다. 그 결과 당시에 유행하던 것과 인기가 없어져 가는 것들의 순위를 매긴 표인 '행패일람行廃一覧 반즈케番付'에는 요정에 대해 '이키'라는 한 단어로 설명할 정도로 세련된 공간으로 인식되었다. '이키'한 공간에서 '이키'한 음식을 '이키'한 게이샤들을 불러서 함께 먹는 것을 멋으로 생각한 에돗코들의 라이프스타일은 '이키즘'이라 부를 수 있는 하나의 흐름이 되었다.
　앞서 료고쿠의 아오야나기를 그린 그림에는 "아오야나기는 신묘

하구나. 드높은 달과 함께하는 불꽃놀이의 밤靑柳は妙月高く花火の夜"이라는 시와 함께 요리가 담긴 그릇이 게이샤와 함께 배에 실리고 있는 모습이 묘사되어 있다. 누군가가 강에서 불꽃놀이를 구경할 수 있는 야카타부네屋形船로 불리는 그림에 그려진 것과 같은 지붕이 달린 쪽배를 빌렸고, 게이샤와 함께 요정에서 만든 가이세키 요리가 배달되고 있음을 알 수 있다.

요정에서 만든 음식을 배달해주는 서비스가 도입되자, 도시락으로 유명한 요정도 생긴다. 마쿠노우치幕の内는 일본 도시락의 대명사로 불릴 만큼 유명한데, 원통형으로 뭉친 밥과 반찬을 찬합이나 단칸 도시락에 담은 형태로, 가부키 공연의 막간幕間에 먹는 도시락이라는 의미를 지녔다.[9] 마쿠노우치 도시락은 니혼바시 요시초芳町에 있던 요정 만큐萬久가 만들어 판매하던 도시락이었다.[10] 만큐는 3대 우타가와 도요쿠니歌川豊国 · 히로시게広重가 합작한 에도의 이름 높은 요정 모음집이라는 의미의《에도 고메이 가이세키 즈쿠시東都高名会席尽》에도 마쿠노우치 도시락과 함께 그려져 있다. 만큐의 그림에 가부키〈스케로쿠〉의 악인 이큐가 등장하는 것은 말장난으로 단순히 만큐와 이큐의 발음이 비슷해서다.

가부키 극장에서 요정의 도시락을 먹는 것, 이 역시 '이키'한 공간에서 '이키'한 음식을 즐기는 에돗코스타일의 '이키즘'이었다.

'비타이'와 '이쿠지', '아키라메'라는 구키가 분석한 '이키'의 성분은 패션과 건축, 음식, 음악의 세련된 스타일로서의 '이키'에서는

《에도 고메이 가이세키 즈쿠시》에
그려진 만큐의 그림(오른쪽)과
《근세풍속지(近世風俗志)》에 기록된
마쿠노우치 도시락의 재현(왼쪽)

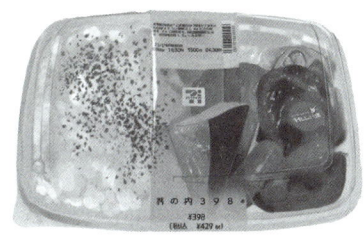

현재 편의점에서 판매 중인
마쿠노우치 도시락

직접적이고 직관적으로 드러나 있다고 보기 어려워질 정도로 '이키'의 의미는 확장되어갔다. 물론 이것 역시 '이키'라는 단어로 설명하고 넘어가는 것도 전혀 문제가 되지 않는다. 아니 오히려 그것이 더 타당한 설명일 것이다. 하지만 스타일로서의 '이키', 미학으로서의 '이키'에 대한 설명으로 이어나가기 위해 하나의 스타일로 확장된 의미의 '이키'를 '이키즘'이라는 단어로 표현하겠다는 점에 대해 다시 한 번 이해를 구해두고자 한다.

## 4. '이나세' 스타일의 합체

### 1) 남성성을 강조하는 '이나세' 스타일

일본의 대표적 국어사전 중 하나인《일본국어대사전》에 기재된 '이키'의 항목에는 남녀 구분 없이 사용되던 '이키'가 가세이기化政期(1804-1830)를 지나며 주로 여성의 아름다움을 표현하는 단어로 일종의 섹시함色っぽさ을 표현하는 데 사용되었다고 설명되어 있다.[11]

   '이키'가 '이키즘'으로까지 확장되어가는 과정에서 '이키'와 많은 공통적 특성을 지니지만 좀더 남성적 미의식이 강조된 '이나세鯔背'라는 개념이 등장한다.[12] '이나세'라는 말은 숭어새끼인 동어鯔의 등지느러미란 뜻이다. 에도 니혼바시의 어시장에서 일하던 젊은이들이 머리모양을 동어의 등지느러미 모양으로 묶어서 다닌 것에서 비롯된 말로, 어시장에서 일하는 거친 젊은이들이 위세 좋고, 배포도 좋으며, 강자에게 굽히지 않고 약한 사람을 돕는 남자답고 협객다운 성격을 지닌 사람이라고 칭찬하는 뜻으로 사용되었다. 이러한 사람들을 일컫는 '이키하고 이나세한 사람いきで鯔背な人'이 상투

적 표현이 되었을 정도로 일상적으로 사용되는 단어가 되어간다.

　에돗코가 '이나세'함을 드러내기 위해 사용한 것은 문신이었다. 어시장의 인부뿐만 아니라 일하는데 옷이 방해가 되어 거의 벗은 몸으로 일을 하는 목수, 속임수가 없음을 보이기 위해 옷을 벗고 주사위를 굴리는 도박사, 옷에 불이 붙어 화상을 입을 염려가 있어 맨몸을 드러내는 경우가 많은 소방수 등의 직업을 가진 사람들은 옷은 벗되 자신의 하얀 맨몸을 보이는 것을 수치스럽게 생각했다. 이에 문신을 하여 맨살을 가리는 것이 유행했다. 문신은 몸을 드러내며 남성적인 일을 하는 목수, 소방수 등에게 있어 그들의 직업을 알리는 일종의 스테이터스가 되었다.

　"이키한 모습의 엘리트 기술자粋な姿のエリート職人"라고도 일컬어지던 에도 시대의 목수는 건축의 주된 자재가 나무였던 에도 시대에 있어서 확실히 엘리트이자 인기 직업인이었다.[13] 이런 목수 중에서도 '도비鳶'라 불리는 높은 곳에 비계를 세우는 등의 일을 하는 자들은 '가시라頭'로 불리는 조장을 중심으로 '구미組'라는 그룹을 조직하여 움직였다.

　한편 인구밀도가 높고 다닥다닥 붙은 목조가옥으로 이루어져 화재가 빈번했던 에도에서는 초창기부터 '히케시火消し'라고 불리는 마을 소방대가 조직되어 있었다. 하지만 마을 소방대 역시 무서운 불길 속에서 우왕좌왕하며 제대로 된 소방 활동은 이루어지지 않고 있었다. (앞서도 여러 번 설명했던) 에도의 반 이상을 태웠던 '메이

레키 대화재' 이후, 조직적으로 움직이고 또 높은 곳에서 나무를 다루는 기술을 가지고 있었던 목수들이 소방수, 즉 '히케시'의 역할을 맡게 되고, 목수들의 조직인 '구미'는 그대로 소방대가 되었다. 막부가 48그룹의 소방대를 조직하여 목수들로 소방대원을 구성한 이후부터 에도는 비교적 효율적이고 규율 잡힌 화재 진압이 가능하게 되었다.

불이 나면, 각 구역을 맡은 '구미'들이 현장으로 몰려간다. 그리곤 마치 전쟁의 선봉장 역할처럼 목숨을 걸고 불이 난 집의 지붕으로 먼저 올라가려 경쟁하고 지붕 위에 올라 자신의 '구미'를 상징하는 '마토이纏'라 불리는 일종의 깃발을 들고 돌리며 흔든다. 먼저 '마토이'를 들고 흔드는 '구미'가 화재 진압의 지휘권을 갖게 되는 것은 물론, 화재 이후의 복구와 관련한 여러 가지 이권을 가질 수 있는 우선권이 있었기 때문이다.

"화재와 싸움은 에도의 꽃火事と喧嘩は江戸の華"이라는 말처럼, 맹렬하게 불타는 불길 속으로 용감하게 앞다투어 뛰어들어 불타고 있는 지붕 위로 올라가 집을 부수고 불을 끄는 '히케시'들은 확실히 화재라는 무대의 꽃이자 주인공이었다(화보의 그림 2에서 마토이를 들고 문신을 한 히케시의 모습을 보라).

하지만 아무리 용감한 '히케시'라 하더라도 목숨이 아깝고 불이 무서운 것은 인지상정이리라. 화재 현장에서 목숨을 걸어야 하는 '히케시'들은 불과 물을 관장한다고 알려진 일본 나리타공항에서 가까운 지바현 나리타산成田山의 신쇼지新勝寺에 있는 부동명왕인 나리타후도成田不動에 대한 신앙이 강했다. 신쇼지는 일본 진언종真言宗의 개조改祖인 구카이空海가 창시한 진언종의 총본산으로 유명하다. 진언종은 주술을 통해 초자연적 힘을 구사하는 주술적 신앙이 강한 불교교파인 밀교에서 파생된 종파다. 나리타후도는 물을 관장하는 구리카라 용왕俱利迦羅竜王이 불을 관장하는 부동명왕의 또다른 모습이라는 믿음이 더해지며, 불과 물을 모두 관장하는 강력한 신으로 여겨지게 되었으니, 불과 물을 다루어야 하는 '히케시'들에겐 안성맞춤의 신이었던 것이다.

물과 불을 모두 관장하는 나리타후도의 이미지는 부동명왕이 오른손에 칼을 들고 화염에 휩싸인 용이 그 주위를 돌고 있는 모습이거나, 바위 위에 서 있는 칼에 화염에 휩싸인 흑룡이 또아리를 틀고 있는 모습 등으로 칼과 화염, 그리고 용이 주제가 되는 형상으로 구현되고 있다.

'히케시'들은 바로 이 나리타후도의 이미지를 문신으로 새겨 자신의 몸을 지키는 부적으로 삼았다. 우리가 흔히 용 문신이라 부르는 문신의 원조는 이러한 사정이 있었던 것이다. 이에 대한 이야기는 잠시 뒤에서 다시 이어가도록 하겠다.

'이나세'가 '이키'의 스타일에 합쳐지게 된 것은 앞서 설명한 '이키'의 상징이었던 가부키 배우 이치카와 단주로가 당시의 에돗코들에게 나리타후도의 화신으로 여겨지고 있었다는 점도 중요한 이

**구리카라 용왕 신앙과 합쳐진 부동명왕의 이미지**

유 가운데 하나였다.

초대 단주로가 자식이 없어, 나리타후도에 가서 기원을 했더니 아들이 생겼다. 이를 기념하기 위해 나리타후도를 주제로 한 작품을 아들과 함께 공연했는데, 크게 인기를 얻었다. 이에 감사하며 단주로는 많은 공물을 나리타후도에게 바쳤고, 이때부터 사람들은 무대에서 연호하는 단주로의 닉네임(야고屋号라고 한다)을 나리타 사람이라는 의미의 '나리타야成田屋'로 부르기 시작했다(지금도 단주로는 '나리타야'로 불린다). 나리타후도가 점지해준 아이라고 불렸던 단주로의 아들이 다름 아닌 앞서 설명한 '이키'의 상징이었던 〈스케로쿠〉를 연기했던 2대 이치카와 단주로였다. 단주로는 대를 이어가며 나리타후도에 대한 깊은 신앙을 이어갔으며 가부키 속에서 때때로 부동명왕 자체를 연기하기도 했기에, 에돗코들에게 단주로는 나리타후도의 현신現身으로 여겨졌다.

나리타후도=부동명왕+구리카라 용왕=이치카와 단주로였다. 따라서 앞서 설명한 것과 같은 에도성 내의 소비재를 독점한 부유한 니혼바시의 어용상인, 우오가시魚河岸의 생선, 후카가와深川의 쌀, 목재, 청과물의 어용 도매상들과 같은 당시의 부르주아 조닌들이 단주로의 후원자를 자처하며 〈스케로쿠〉의 극장 좌석을 다 사버린다거나 하는 퍼포먼스를 했던 것은 에돗코스러운 과시 행위임과 동시에 나리타후도에게 그들의 번영을 비는 공양과 같은 행위였던 것이다.

이렇게 '히케시'의 문신은 '이키하고 이나세한' 남성의 상징이 되었다. 소설과 가부키에서도 문신을 한 협객이 약한 자를 돕고, 강한 자를 물리치는 이상적 인물로 그려지기 시작했다. 유명한 우키요에 화가였던 우타가와 구니요시는 《수호전》의 주인공들을 온몸에 문신을 한 디자인으로 그려 인기를 얻은 이후 다른 화가들도 가부키 배우의 몸에 문신을 그려 넣은 그림으로 인기를 얻게 된다.

또한 5명의 도적이라는 의미의 가부키 〈시라나미 오인남白波五人男〉(1862)에서는 배우들이 문신처럼 보이는 속옷을 걸치고 연기를 하여 많은 인기를 얻기도 하는 등 문신은 정의로운 협객의 시각적 이미지로 흔히 사용되었다.

## 2) 에돗코의 도덕률: '의리와 인정' 그리고 '이키'

처음부터 이성에 대한 어필에서 시작된 '이키'였기에, '이키'인지 아닌지의 판단기준은 타인에게 있었다. 자신은 '이키'한 사람, 멋있는 사람이라고 생각하지만 상대방이 보기에 그렇지 않다고 판단한다면, 그 사람은 '이키'가 아닌 촌스러운 '야보'로 불리거나 '이키'한 척만 하는 사람이라는 의미의 '한카쓰半可通'로 불리고 만다.

상대방의 판단이 전제되어야 하는 지점에서 '이키'는 도덕률을 포함하게 된다. '이키'한지 아닌지를 판단하는 에돗코의 도덕률은 다름 아닌 '의리'와 '인정'이었다. 주자학에서 성립된 '의리'의 관념은 사람과의 관계에 있어서 마땅히 지켜야 할 도리라는 보편적인 노딕적 원리를 뜻했으나, 일본으로 유입된 '의리'는 점차 '누군가에 대한 의리'와 같은 개별적인 사회적 규범이 되어 일본만의 개념으로 바뀌게 된다. 문헌적으로 확인할 수 있는 초창기 일본적 '의리' 개념은 17세기 말의 유명한 소설작가였던 이하라 사이카쿠井原西鶴(1642-1693)의 무가의 의리를 다룬 《무가 의리 이야기武家義理物語》다. 작품 속에서는 ① 호의를 갚는 행위, ② 상대방의 신뢰에 대한 호응, ③ 자기 신분과 체면을 지키고 타인에게 비난받거나 자신의 이름이 더럽혀지는 것을 바라지 않는 행위를 의리로 묘사하고 있다.

상대방의 호의를 갚지 않으면 타인에게 비난을 받고 자신의 이름이 더럽혀지기 때문에 반드시 상대방의 호의를 갚아서 자기 신분과 체면을 지키고자 했던 무사계급의 '의리' 개념은 신뢰 관계가 중요했던 상공인 계층, 즉 조닌들에게도 파급된다. 시간이 흐름에 따라 체면을 지키고 타인에게 비난받지 않으려 하는 의미로서의 '의리'는 고집을 뜻하는 '의지意地'와 동의어가 되어갔다. 그런데 '의지'는 '이키'의 세 요소 중 하나인 '이쿠지'와도 동의어였기 때문에 '의리'는 '이쿠지'와도 연결되어 '이키'와 '의리'는 교집합을 가지게 되었다. 《디지털 다이지텐大辞泉》과 같은 일본의 국어사전 중에 인정의 기미機微함, 복잡미묘함을 잘 이해하는 것도 '이키'라고 설명하고 있는 항목이 있는 것도 이러한 이유에서다.[14] 다시 말해 사람의 인정을 잘 이해하지 못하는 사회성이 떨어지는 사람은 '이키'의 반대인 '야보', 즉 촌스러운 사람이 되어버린다.

조닌 계층으로 퍼져온 '의리'는 인간이 본래 가지는 타인에 대한 배려, 남녀 간의 사랑(이 또한 한국과는 조금 다른 관념이다), 자비 등을 의미하는 '인정'과 묶여 '의리와 인정'이라는 하나의 세트가 되어, 정서적인 인간관계에 뿌리내린 감정적 도덕률이 되었고, 일본 문화의 중요한 정서 가운데 하나로 지금까지 이어져 오고 있다.

'의리'와 '인정'이 하나의 방향을 가리킬 때는 감정적 도덕률을 지키는 것에 아무런 문제가 발생하지 않는다. 하지만 개인을 구속하는 인간관계, 사회관계에서의 규범적 의무인 '의리'와 예컨대 불륜의 사랑과 같은 사회규범에 배치되는 인간적인 마음인 '인정'이 다른 방향을 가리키게 될 때 심적 갈등이 생겨난다.

일본의 셰익스피어라고도 불리는 지카마쓰 몬자에몬近松門左衛門 (1653-1725)은 '의리'와 '인정'의 갈등 상황을 비극적인 드라마로 가장 잘 그려냈던 희곡작가로 꼽힌다. '의리'와 '인정'의 갈등을 다룬 지카마쓰의 대표적 작품으로는 소네자키 숲에서의 동반자살이라는 의미의 〈소네자키 신주曾根崎心中〉(1703)를 들 수 있는데 그 줄거리는 다음과 같다.

오사카에 있는 간장 가게의 종업원이었던 도쿠베德兵衛는 그 성실함을 높이 평가받아 주인에게 데릴사위의 제안을 받게 된다. 도쿠베는 오하쓰ぉ初라는 유녀를 사랑하고 있었고, 이를 이유로 그 제안을 거절했으나, 주인은 이미 도쿠베의 계모에게 지참금을 지불한 상황이었다. 거듭되는 거절에 마침내 주인이 화를 내며, 도쿠베에게 가게에서 나간 것과 지참금의 변제를 요구한다. 계모에게서 돈을 돌려받아 주인에게 돌려주려던 도쿠베에게 친구였던 구헤이지九平次가 나타나 사흘 후에 돌려주겠다며 그 돈을 자신에게 잠시 빌려달라고 읍소한다. 친구와의 의리 역시 중요했던 도쿠베는 마침내 돈을 빌려주고 결국 돌려받지 못한다. 돈을 돌려주지 못하면 주인과의 의리를 배신하게 된다. 그렇다고 데릴사위로 들어가면 오하쓰와의 인정(사랑)을 지킬 수 없다. 결국 죽음만이 유일한 선택지가 된 도쿠베는 오하쓰와 함께 소네자키 숲에서 동반자살로 고단했던 삶을 마감한다.

실제로 같은 해에 일어난 소네자키 숲의 동반자살 사건을 모티브로 '의리'와 '인정' 사이의 갈등을 드라마로 만든 지카마쓰의 〈소네자키 신주〉는 공전의 히트를 거듭했으며, 이에 영향을 받아 동반자살이 급증했기에 막부에서 동반자살 금지령이 내려질 정도로 현실사회에 영향을 주었다. 또한 '의리'와 '인정'의 갈등을 모티브로 하는 수많은 희곡과 소설들이 양산되기 시작하여, 문학의 대표적 갈등 패턴 가운데 하나가 되어 현재로 이어져 오고 있다.

이처럼 조닌 계층으로 확산된 '의리'는 '인정'과 융착되어 '의리인정', 일본어 발음으로 '기리닌조義理人情'로 불리는 도덕률로 자리 잡는다. '기리닌조'를 이해하고 균형을 맞추는 것은 인간의 심리에 대한 고도의 이해가 바탕이 되어야 하는 행위였으며, 이를 잘해내는 사람을 매력적인 사람, 다시 말해 '이키'한 사람으로 받아들이게 되었다.

### 3) '이키하고 이나세했던' 마지막 협객 신몬 다쓰고로

'히케시'들은 평소에는 행정조직의 명령을 받거나 때로는 임의로 정해진 구역의 치안을 유지하는 역할을 했다. 치안유지와 문신이라는 단어의 조합에서 쉽게 연상할 수 있듯, 이들의 형태는 경찰보다는 야쿠자에 더 가까운 모습이었다. 우리가 온몸에 용 문신을 한 사람들을 쉽게 야쿠자, 조직폭력배로 연결시키는 것은 '히케시'와 '히케시'의 조직인 '구미'가 야쿠자와 다름없는 역할을 해왔고, 근대 이후에 등장한 야쿠자도 '히케시'의 대의명분, 즉 약한 자를 돕고 강한 자에 굴하지 않는다는 '이나세'를 표방하며, '히케시'와 같은 용 문신을 추종하며 따라 했기 때문이다.

조직폭력배가 그러하듯, 에도 시대의 '히케시' 역시 패싸움은 일

가부키 〈메구미의 싸움〉 포스터

상적이었다. 이들은 크고 작은 싸움을 많이 벌여왔고 특히 '메구미め組'에 속한 '히케시'들과 스모선수들이 싸웠던 1805년 3월의 싸움은 '메구미의 싸움め組の喧嘩'으로 불리며 이후 가부키와 영화, 드라마의 소재로 사용될 만큼 유명했다.

이렇게 폭력적인 모습이 빈출하는 '히케시'들의 삶이었지만, 이들을 지칭하는 '이키하고 이나세하다'라는 형용사는 '이키'의 미학에 더해 대범하나 고집이 세고, 툭하면 싸우지만 임협심任侠心과 정의감 넘치는 사람이라는 긍정적인 의미가 더해진 말로 통용되었다.

신몬 다쓰고로新門辰五郎(1800?-1875)는 '히케시'의 '의리'와 '인정', '이키'와 '이나세'를 보여주었다고 평가받는 실존 인물이었다. 유곽인 요시와라와 가부키 극장이 모인 번화가였던 아사쿠사浅草에서 태어난 다쓰고로는 '이키'하고 '이나세'한 '도비'와 '히케시'를 겸하며 아사쿠사 지역을 담당하는 '오구미を組' 소방대에 속했다. 다쓰고로는 화재 현장에서의 뛰어난 활약과 함께, 소방대끼리의 싸움, 주

변의 도박장과 노점상 등을 관리하며 돈을 벌었고 그들 사이에 벌어지는 여러 분쟁을 잘 중재하며, 18세에 일약 '오구미' 소방대의 두목, 즉 '가시라頭'가 되었다.

다쓰고로의 뛰어난 수완과 리더십은 막부에도 알려져 황족이었던 슌닌뉴도舜仁入道 친왕이 아사쿠사의 유명한 절인 센소지 근처에 은거했을 때 그 주변의 경호를 맡겼을 정도였다. 무사계급도 아닌 평민에 불과했지만, 에도막부의 마지막 쇼군이었던 도쿠가와 요시노부德川慶喜에게 중용된 다쓰고로는 쇼군에 대한 의리를 지키며 막부 말기의 격동의 시기에 끝까지 요시노부를 경호했다.

1868년, 메이지 정부는 도쿠가와 가문의 존속을 허락하나 거처를 에도에서 후지산이 있는 시즈오카静岡로 옮기도록 명한다. 에도를 떠나 시즈오카로 가는 행차는 도쿠가와 막부의 마지막 행사였지만, 막부의 녹을 받던 가신들은 메이지 정부의 눈치를 보며 행렬 참가를 피한다. 쇼군의 행렬이 초라해질 것을 염려한 다쓰고로는 수천 명에 달하는 에도의 전 소방대에게 장비를 갖추고 '마토이' 깃발을 들고 집결토록 하여 쇼군을 성대하게 배웅했다. 다쓰고로는 에도 시대를 넘어 메이지 시대에 이르기까지 약한 자를 돕고, 강한 자에게 굴하지 않는 '이키'하고 '이나세'한 에돗코의 전형을 보여주었고, 이로써 일본의 마지막 협객으로 일컬어지고 있다. 다쓰고로 이후로의 협객은 야쿠자와 동의어로 사용되었기 때문이다.

에돗코의 미학은 에도 시대에서 끝난 것처럼 보였다. 하지만 150여

신몬 다쓰고로의 초상화와 위인전

년이 흘러 1960년대에 들어서자, 일본에서는 다시금 '의리'와 '인정', '이키'와 '이나세'의 미학을 내세운 영화 장르가 큰 인기를 얻는다. 이른바 임협영화, 즉 야쿠자영화의 전성기였다.

'이나세'의 미학이 재조명되었던 임협영화에 대해서는 장을 바꿔서 이어가도록 하겠다.

### 5. 혼돈에서 태어난 쾌락: 대중문화는 왜 두려움이 되었나

서양의 대중문화 연구는 문화를 "인간의 생각과 표현의 정수"로 표현한 매튜 아놀드Matthew Arnold로부터 시작한다. 아놀드의 표현대로 문화란 20세기 중반까지는 고급문화와 동의어였다. 문화(고급문화)는 교육받아 배워야 할 교양이었다. 대중문화란 문화(고급문화)의 반대편에 있는 계도하고 가르쳐야 할 혼돈과 무정부 상태anarchy에 있는 천민(대중)들의 것이었다. 대중문화는 문화(고급문화)를 통해 계도되어 결국은 제거되고 사라져야 할 현상으로 이해되었던 것이다.

피지배계급이나 숫자가 많은 대중들의 힘이 커지는 것에 대한 지배계급의 경계심이 그대로 드러나는 아놀드의 대중문화에 대한 이해는 그 이후의 대중문학 연구 사조에 많은 영향을 끼쳤다. 비록 교양을 고급문화로 바라보는 아놀드의 개념이 잘못된 이해에서 비롯된 것이라는 반론도 존재하며,[15] 구조주의와 포스트모더니즘을 거친 현재의 대중문화 연구의 성과를 통해 대중문화에 대한 적대감 역시 많이 희석되었다고 볼 수 있지만, 그럼에도 여전히 대중문화에서 관찰되는 혼돈스러움과 무비판, 무지성을 경계하며, 대중문화활동의 결과로 얻어지는 플레져pleasure(종종 쾌락이라는 부정적 어감으로 번역된다)를 긍정하기 꺼려 하는 시각이 존재하는 것도 엄연한 사실이다.

(고급)문화를 지탱하는 (순수)미학은 아주 뛰어난 소수의 예술 생산자만이 만들어낼 수 있는 코드가 존재하고, 감상자는 교육을 통해서야 비로소 그 미학을 이해할 수 있다. 이를 교양이라고도 부른다. 미학 코드에 대한 지식과 교양은 지배계급의 권위를 지키는 무기이기도 했다.

1917년, 마르셀 뒤샹Marcel Duchamp이 〈샘Fountain〉이라는 제목으로 대량생산된 기성품 변기를 전시하며 당시의 고급문화 미학 코드에 도전하는 장면은 대중문화와 대중미학이 중심이 되는 포스트모더니즘으로의 전환을 예고하는 장면이었다. 20세기에 개발된 라디오와 TV, 영화와 같은 매스미디어는 문자 그대로 매스mass들의, 매스들을 위한, 매스들의 의한 매체media였다. 매스(미국의 mass, 즉 미국 대중)들의 문화를 동시에 넓은 곳에 흩뿌릴 수 있는 힘을 가지고 있었던 매스미디어를 통해, 포스트모더니즘이라는 미학 코드를 가진 20세기 (미국의) 대중문화는 이윽고 (유럽의) 고급문화를 누르고 세계의 중심 문화로 자리잡게 되었다.

한편 피지배계급이자 다수를 점하고 있던 에돗코의 문화도 당연히 대중들의 문화였다. 언뜻 유쾌하고 해학적으로 보이는 에돗코의 대중문화는 지배계급에 대한 반발과 내일의 삶을 담보할 수 없는 생활에 시달리던 도시 서민들의 권력과 질서에 대한 반항의 산물이었다.

포스트모더니즘과 마찬가지로 에돗코의 대중문화도 출판문화와 기술의 발달을 통해 이미 매스미디어적 매체 역할을 수행하던 책을 통해 '이키즘'이라는 미학 코드를 일본 전역으로 흩뿌리고 있었다. '이키즘'이 무사계급의 고급문화에 반항하며 대량생산되고 복제가능한 대중미학 코드였다는 점에서 대단히 포스트모더니즘과 유사하다고 할 수 있을 것 같다. 아니 시간순으로 설명한다면, 포스트모더니즘이 '이키즘'과 유사한 측면이 많았다고 표현해야 맞을지도 모르겠다.

20세기 초반 아놀드의 대중문화 연구가 그러했듯, 대중문화의 시작을 알린 미국에서조차 대중문화는 불온하며 혼돈스러운 무정부 상태적인 어떤 것으로, 제거되고 사라져야 할 나쁜 것으로 인식되었다. 같은 20세기 초반, 도쿠가와 막부를 전복시키고 일본의 근대화(서양화)를 주도해간 쿠데타 세력이자 이후 일본을 이끌어가게 되는 메이지 시대의 엘리트들은 진화론적 관점에 입각한 서양 고급문화를 중심으로 하는 문화적 하이어라키에 경도되었다.

서구의 근대정신을 따라가려 했던 메이지의 엘리트들에게 그들이 앙시엥레짐으로 타도하고자 했고 마침내 타도했던 에도막부의 중심 문화였던, 마치 백화점의 바겐세일과 마찬가지로 비일상적 이벤트가 일상적으로 벌어지고 있었던 에돗코의 대중문화와 그들의 미학 코드였던 '이키즘'이 (그들이 추종하려 했던) 서양의 근대문화를 넘어 이미 포스트모더니즘적 특성을 보여주는 전위적이며 진보적인 것이었음을 인식하는 것은 불가능했을 것이다. 메이지의 엘리트들에게 있어서의 에도 시대의 대중문화란 혼돈과 무정부 상태에 놓여 있어 위험하고 저급한 것으로 시급히 계도하고 제거해서 (서양의) 고급문화로 인도해야만 할 천민(대중)들의 문화였던 것이다. 결국 '이키즘'은 메이지유신으로 불리는 일본의 전통을 부정하고 서구화에 몰입했던 시대에 들어서며 시의성時宜性을 잃어버리고 에도 시대만의 정서로 고착되기 시작한다.

이러한 일본의 시대 상황에 대한 이해를 통한다면 구키 슈조가 '이키'를 미학 연구의 대상으로 삼은 것이 왜 도전적인 과제였고 대단한 성취였는지를 쉽게 알 수 있을 것이다.

다음 장에서는 구키 슈조 이후, 현대 일본의 '이키즘'의 전개에 대해 살펴보려 한다. 바야흐로 '이키즘'은 현대의 우리에게도 파악되기 시작하는 개념이 되어간다.

4장

# 20세기 도쿄, 대중미학의 변화

❀

'이키즘'은 올드패션이 되어 에도 시대로의 노스텔지어가 되었다.

## 1. '이키하고 이나세한' 임협영화

메이지유신 이후, 일본은 무사계급 출신 엘리트들이 시대의 흐름을 주도한다. 서양철학과 유교적 사상이 결합된 근대 일본의 이데올로기는 일본의 정신에 서양의 기술을 익히겠다는 화혼양재를 넘어 모든 것을 서구화하겠다는 탈아입구로 이어졌다. 아놀드가 말하는 문화, 즉 유럽 귀족문화는 일본에서도 교육받아 배워야 할 교양이 되었고, 유럽 귀족문화에 대한 지식과 교양은 탈아입구의 목적을 달성하기 위한 수단이 되었다.

에도 대중문화의 꽃이었던 가부키는 부정당하고 서양의 연극이 들어와 새로운 흐름의 연극, 즉 신파극新派劇이라는 이름으로 가부키의 자리를 대체했다. 단발과 하이힐, 서양식 복장을 한 '모던걸'과 '모던보이'로 불리던 패션 리더들은 유행의 첨단을 달리던 패션이었던 기모노를 순식간에 구닥다리 옛것, 다시 말해 '야보'한 촌스러운 것으로 만들어버렸고, 첨단의 유행은 샤넬의 슈미즈드레스로 대표되는 서양의 근대 패션을 얼마나 빨리 쫓아가는지가 기준이 되었다.

가부키, 기모노와 같이 '이키즘'을 투사하던 매체들은 더이상 유행의 사이클을 돌지 못하고 멈춰버렸고, 옛 시대의 유물로 남았다. 일본의 근대예술과 미학은 서양 근대예술과 최신 서양 미학 사조와 연동되어 움직였다. 일본의 대중문화는 에도 시대와는 달리 서양의 대중문화가 그러했듯 서브컬처, 혹은 교화되어야 할 미개한 어떤 것으로 취급받게 되었다.

그렇지만 대중문화를 바라보는 시선이 달라졌다는 것이 대중문화를 즐기는 대중의 숫자가 줄어들었다는 것을 의미하는 것은 아니었다. 오히려(당연하지만) 메이지 시대를 지나며 도쿄(에도)의 인구는 100만 명에서 200만 명으로 급격히 늘어갔으며 증가한 인구 대부분은 대중이었다.

아이러니하게도 과거의 폐습으로 지명 당해 극단의 해체, 극장의 폐쇄를 당했던 가부키는 서양의 오페라 문화에 비견할 수 있다는 이유로 가부키 전용 국립극장이 설립되고 그곳에서 공연하게 되었다. 국가가 세워준 극장에서 공연한다는 고급문화의 시민권을 얻게 된 후로 가부키는 더이상 대중예술의 꽃이 아니게 되었다.

더욱 아이러니하게도 가부키의 자리를 대신한 것은 다름 아닌 서양의 연극 스타일을 받아들인 신파극이었다. 서양으로부터의 뉴웨이브new wave, 즉 신파新派의 연극임을 표방했으나, 작품 대부분은 우리가 신파라는 단어에서 자연스레 떠올리는 '의리'와 '인정' 사이에서 갈등하며 눈물을 유도하는 남녀의 사랑이었다.

그 전형으로는 익히 알고 있을 거라 짐작하는 〈이수일과 심순애〉류의 신파극을 들 수 있다. 〈이수일과 심순애〉의 원작인 오자키 고요尾崎紅葉의 〈금색야차金色夜叉〉(1911)는 신파극을 대표하는 인기 작품이었다. 또한 앞서 언급했던 에돗코로서의 삶을 보여주며 메이지 시대 마지막 협객이라는 평가를 받았던 신몬 다쓰고로의 '이키하고 이나세한' 에피소드를 신파극으로 만든 작품도 공연되곤 했다.

요컨대 에도 시대와의 결별과 유럽문화로의 추종을 요구했던 메이지 시대에도 여전히 '의리'와 '인정'은 대중들의 중요한 감정적 도덕률이었고, 여전히 대중은 자신들의 문화를 즐기고 있었던 것이다.

일본이 패망 후 얼마 되지 않았던 1950년대, 대중들은 패전의 무력감을 영화라는 새로운 대중미디어를 통해 해소하고 있었다. 연극과 달리 언제든지 리플레이가 가능하며 연극보다 관람료가 싸다는 특징을 가진 영화는 곧 신파극을 대신해서 대중문화의 꽃이 되었다. 연간 500여 편이 넘는 작품이 제작되었고 어떤 작품이든 관중들이 넘쳐났다. 이러한 시대적 배경이 있었기에 1950년대는 일본 영화의 황금기라 불리며, 구로사와 아키라黑澤明, 미조구치 겐지溝口健二, 오즈 야스지로小津安二郎 등과 같은 거장들이 고급 예술작품으로서의 영화를 개봉할 수 있었다.

하지만 영화의 황금기는 그리 길지 않았다. 1960년대에 들어서자 TV라는 새롭고 강력한 매스미디어가 등장했다. TV에게 관중을 뺏긴 영화는 1958년의 연 관객 수 11억 명에서 1964년에는 4억 명으로 무려 3분의 1 수준으로 급감한다. 이 1958년부터 1964년까지의 이른바 '공백의 6년'으로 불리는 기간 동안 일본의 메이저 영화사는 소프트웨어의 우위를 무기로 영화작품을 방송국에 판매하지 않으며 대중문화의 중심 자리를 고수하려 했으나 결국 실패로 돌아간다. TV가 영화를 대신하여 매스미디어의 왕좌에 오르게 된 것이다. 영화관으로 관객이 알아서 찾아오던 시대는 지나고, 관객들을 극장으로 유혹하기 위한 작품이 필요했다. 섹슈얼리티와 바이올런스는 남녀노소에게 노출된 TV에서는 다루기 어렵기에 영화에 특성화된 영역이었다. 1965년 개봉된 482편의 작품 가운데 절반에 가까운 215편이 '핑크영화'로 불리는 섹슈얼리티에 호소하는 작품이었다.[1]

또한 바이올런스에 호소하는 작품도 급증한다. 거장들이 사라진 1960-70년대는 일본 영화의 쇠퇴기라 불리지만 섹스와 바이올런스로 상징되는 관객의 말초적 본능을 자극하는 오락영화는 이때부터가 전성기의 시작이었다고도 할 수 있을 것이다.

남녀의 사랑은 굳이 관객에게 그 이유를 설명하지 않아도 감정이입이 가능하다. 하지만 관객이 감정이입을 해야 할 대상인 주인공이 사용해야 할 폭력은 그럴만한 필연성 혹은 정당성이 뒷받침되어야 한다. 일본 영화가 관객이 납득할 수 있는 폭력의 정당성을 위해 택한 것은 일본의 전통을 부정하고 서구화에 몰입했던 메이지유신과 더불어 시의성을 잃어버리고 옛 에도 시대의 정서로 고착되어버렸던 '기리닌조', 즉 '의리'와 '인정'의 감정적 도덕률이었다. '이키즘' 역시 '기리닌조'를 아름답게 보이게 할 미학적 장치로 같이 소환된다.

이렇게 해서 '이키하고 이나세한' 주인공이 '기리닌조'의 도덕률을 어렵게 지켜내는 모습에서 관중에게 카타르시스를 주는, 이른바 야쿠자영화로 불리는 임협任俠영화가 만들어졌다.

협을 자처한다는 의미의 '임협'은 중국 문헌에서 먼저 발견되었으나, 중국에서의 '임협'은 재력이나 권위가 전제된다는 점에서 일본의 임협과 다르다.[2] 《일본어대사전》(小学館, 2002)에 따르면 일본의 임협은 면목을 세워 신의를 중시하는 것, 또는 그러한 삶을 살아가는 자로 임협의 유사어로 앞서 설명한 이나세 등의 단어가 열거

된다. 즉 일본에서 임협의 의미는 이나세의 유사 개념인 것이다.

야쿠자의 어원은 카드 게임이었다. 세 장의 카드 숫자의 합이 9에 가까운 사람이 이기는 '산마이가루타三枚ガルタ' 게임에서 8, 9, 3의 카드 조합은 0이 되어버리는 가장 안 좋은 패의 합이었다. 이 8, 9, 3의 숫자를 줄여서 부르는 발음이 야八, 쿠九, 자三였다.[3]

에도 시대의 야쿠자는 곧바로 조직폭력단을 지칭하는 말은 아니었고, 한곳에 머물지 않고 부유浮游하며 규칙적이지 않은 일을 하는 사람들을 부르는 말이었다. 앞서 설명했던 히케시와 도비, 방물장수인 데키야的屋, 운송업자를 칭하는 히캬쿠飛脚, 도박꾼을 뜻하는 바쿠토博徒 등이 야쿠자로 불리는 직업군이었다.

데키야와 히캬쿠 등도 히케시와 마찬가지로 소위 오야분親分과 고분子分으로 불리는 서열을 가진 각각의 구미에 속해 있었다. 요컨대 '도비', '히케시', '데키야', '히캬쿠' 등은 무슨 무슨 구미로 불리는 현재의 일본 조직폭력단과 유사한 면이 없지 않지만, 일본의 전통 축제인 마쓰리祭り 기간에 신을 모셨다고 하는 가마인 미코시神輿를 메고 행진하는 역할을 하는 등 시민 사회에서 그들이 담당하는 일이 있던 직업군이었다.[4]

에도 시대에는 행정과 사법, 경찰업무를 담당하던 마치부교町奉行라는 직책이 있었는데, 마치부교는 요리키与力, 도신同心이라 불리는 도시 치안을 담당하는 하급무사들을 거느리고 있었다. 하지만 이들만으로는 인구 100만 명의 에도를 관리할 수 없었고, 이들은 사

적으로 범죄자를 수색하고 체포하기 위해 오캇피키岡っ引로 불리는 사람들을 고용했다. 그런데 이러한 오캇피키를 맡았던 사람들이 바쿠토, 데키야 등의 야쿠자로 분류되던 사람들이었다. 당연히 도박꾼이나 방물장수 등의 야쿠자가 경찰의 역할인 오캇피키 일을 하는 것은 모순되는 일이다. 이러한 모순점이 양립될 수 없는 두 가지 일을 겸하는 것을 일컫는 "두 켤레의 짚신을 신다二足の草鞋を履く"의 어원이 되었다고 할 만큼, 에도 시대의 야쿠자는 필요악적인 존재였다.

야쿠자의 기원이 이러했기 때문에 1960년대의 야쿠자영화는 주로 도박꾼, 소방수, 방물장수 등이 주인공으로 등장한다. 이들은 야쿠자이자 에도 시대에 '이키하고 이나세한' 사람들로 불렸던 직업군이었다.

임협영화의 대표적 주연배우로는 다카쿠라 겐高倉健(1931-2014)을 들 수 있다. 다카쿠라 겐은 〈일본협객전日本侠客伝〉 시리즈(1964-1971)와 〈쇼와잔협전昭和残侠伝〉 시리즈(1965-1972) 등의 임협영화를 통해 '이키하고 이나세한' 남성의 아이콘이 되었고, 이후 국민배우의 반열에까지 오르게 된다.

다카쿠라 겐의 인기를 확고하게 한 〈일본협객전〉 시리즈는 대개 '이키하고 이나세한' 예스러운 에돗코 기질을 가진 업자나 도박사 그룹이 그들을 위협하는 신흥 야쿠자나 악덕업자들과의 대립 속에서 주인공이 참고 있던 울분을 혈투를 통해 갚는다는 내용이다.

〈일본협객전〉 제1작에서 운송업을 하는 '기바세이구미'의 고가시라(부두목)임을 알려주는 핫피(法被)를 입고 연기하는 다카쿠라 겐(오른쪽)

예를 들어 〈일본협객전〉 제1작(1964)에서 주인공 다카쿠라 겐은 '이키'의 상징적 장소였던 후카가와에서 에도 시대에 어울리는 예스러운 이름인 조키치長吉라는 이름을 가지고 운송업자들의 길드, '기바세이구미木場政組'의 고가시라小頭(부두목)로 등장한다.

이어서 시리즈 다섯 번째 작품인 〈일본협객전: 가미나리몬의 결투雷門の決斗〉(1966)에서는 에도 시대 대표적 시타마치였던 아사쿠사에 있던 흥행 극단을 지키는 가드맨으로, 일곱 번째 작품인 〈일본협객전: 돌격斬り込み〉(1967)에서는 방물장수로 등장한다. 운송업, 가드맨, 방물장수 등은 에도 시대로부터 '이나세'의 상징인 문신을 자주 하던 직업군이었다.

〈쇼와잔협전〉 제4작에서 소방대의 상징인 마토이(깃발)을 들고 화재진압을 지휘하는 다카쿠라 겐

또 하나의 인기 시리즈였던 〈쇼와잔협전〉에서도 주인공 다카쿠라 겐의 직업은 장돌뱅이(제1작), 도박사(제2, 3, 5, 6작), 요리사(제7작), 그리고 제4작에서는 '이키하고 이나세한' 직업군의 상징이었던 '도비'와 '히케시'로 등장한다. 시리즈의 상징이었던 다카쿠라 겐의 등에 그려져 있는 사자와 모란꽃 문신은 작품 전체를 관통하는 '이나세'의 상징이기도 했다.

일본영화제작자연맹에서 제1작이었던 〈쇼와잔협전〉에 대해 다음과 같이 소개하고 있다.[5]

종전 직후, 폐허로 변해버린 아사쿠사를 무대로, 열혈청년 오야붕이 악을 일소하기까지의 장렬한 싸움을 그린 통쾌오락야쿠자영화. 다카쿠라 겐이 '이키'한 기모노 차림으로 젊은 오야붕을 연기하는 인기 시리즈 제1작.

제8작 〈쇼와잔협전: 울어라 사자(吼えろ唐獅子)〉 DVD 포스터. 1940-50년대를 배경으로 하고 있으나 양복이 아닌 '이키'한 기모노 차림(이키를 표현하기 위해 앞섶이 약간 흐트러진 모습으로 등장)으로 '의리'를 실천하러 칼을 들고 악당과 결투를 벌이러 간다.

1960년이라는 근현대에 촬영되고 개봉된 "통쾌오락야쿠자영화"였지만, 주인공은 양복이 아닌 '이키'한 기모노를 입고, 총이 아닌 칼 한 자루를 들고 악당들과 맞선다.

1970년대로 들어서면서 야쿠자영화는 다카쿠라 겐으로 상징되는 기모노와 칼은 사라지고, 총과 자동차가 등장하는 현대적 야쿠자가 주인공인 〈의리없는 전쟁仁義なき戦い〉(1973)류의 영화가 유행한다.

요컨대 1960년대의 야쿠자영화는 신몬 다쓰고로로 상징되는 에도 시대로부터의 낭만적 임협과 옛 정서가 사라진 현대의 잔혹한 야쿠자와의 대결을 그렸던 것이다. 타카쿠라 겐으로 표상되는 '이키'와 '이나세'의 미학은 현재의 유행과 세련됨의 상징이 아닌 에도 시대로의 노스탤지어였다.

## 2. 시대에 뒤처진 에돗코에 대한 찬가: 〈남자는 괴로워〉

다카쿠라 겐의 야쿠자영화가 인기를 끌자, 후지 준코藤純子(1945-)를 내세워 여자 야쿠자(도박사)를 다룬 〈붉은 모란의 도박사緋牡丹博徒〉(1968-1972) 등의 아류영화도 인기를 끌게 된다. 이러한 와중에 아쓰미 기요시渥美清(1928-1996)가 연기하는 구루마 도라지로車寅次郎라는 떠돌이 방물장수(앞서 말한 대로 야쿠자로 불리는 직업)의 이야기를 그린 영화 〈남자는 괴로워男はつらいよ〉(1969)가 개봉된다. 영화의 오프닝은 다음과 같은 도라지로의 자기소개와 함께 시작된다.

> 저는 태어난 곳도 자라난 곳도 가쓰시카葛飾 시바마타柴又입니다. 태어나서 첫 목욕을 (시바마타에 있는 유명한 절인) 제석천帝釈天에서 했고, 성은 구루마, 이름은 도라지로, 사람들이 부르길 떠돌이 도라라고 합니다.

앞서 '쇼군이 계신 곳(에도)에서 태어나, (에도의) 수돗물로 목욕을 한다'는 문장이 에돗코임을 자랑하기 위한 수식어라는 것을 소개한 바 있는데, 이를 패러디한 것이 "태어난 곳도 자라난 곳도 (도쿄, 즉 에도의) 가쓰시카 시바마타입니다. 태어나서 첫 목욕을 제석천에서 했고"라는 문장이다. 도라지로는 에돗코이자 야쿠자였다.

도라지로는 떠돌이 생활을 하다 고향인 도쿄(에도)의 시바마타에 돌아오곤 한다. 처음에는 반갑게 맞아주는 친척들과 여동생이지만, 도라지로가 일으키는 여러 가지 사건들이 이들을 곤란하게 만든다. 특히 도라지로가 미녀에게 한눈에 사랑에 빠져버리면서 '이키하고 이나세한' 매력을 발산하려 하나 실패하는 유머러스한 모습과 도라지로와 그 주변 사람들이 보여주는 따뜻한 서민들의 인정과 가족애에서 흘러나오는 웃음과 눈물의 에피소드가 영화의 주된 테마였다.

폭력으로 '의리'를 지키는 다카쿠라 겐의 야쿠자와는 달리 구루마 도라지로, 애칭으로 도라 상이라 불리는 주인공은 폭력적 '의리'가 아닌 타인에 대한 따뜻한 마음과 마돈나로 지칭되는 이룰 수 없는 여성과의 순수한 사랑, 즉 '인정'을 중요하게 여기는 야쿠자를 연기했고, 50편에 이르는 세계 최장 영화 시리즈로 기록될 만큼 일본인에게 커다란 사랑을 받는 영화가 되었다. 도라 상을 연기한 아쓰미 기요시 역시 일본인이 가장 사랑하는 배우가 되었다. 다카쿠라 겐은 다카쿠라 겐이라는 이름으로 국민배우가 되었다면, 아쓰미 기요시는 아쓰미 기요시가 아닌 도라 상이라는 이름으로, 도라 상 그 자체로 국민배우가 되었다.

도라 상의 트레이드마크는 기모노의 격자무늬를 연상케 하는 패턴을 가진 (코트로 보일 만큼 큰 오버사이즈의) 옅은 갈색 더블 재킷 슈트다. 여기에 옛 에도 시대의 남성 속옷(쥬반襦袢이라 한다)처럼 보이는 품이 큰 셔츠에 벨트가 아닌 복대를 하고 있다. 목에는 넥타이 대신에 부적을 걸쳤는데 이 부적은 야쿠자의 문신 역할을 대신한다. 머리에는 중절모가 얹혀 있지만 발은 구두가 아닌 게타(일본식 슬리퍼)를 신고 있다. 도라 상은 "이키라든가 이나세라고 하는 것은 지금까지 그렇게 살아온 나를 두고 하는 말이야"(〈남자는 괴로워: 망향望鄕〉(1970))라고 스스로를 '이키하고 이나세한' 남자라고 말하지만, 도라 상의 옷차림은 급변하는 시대에 따라가지 못하고 남겨진 사람이

〈남자는 괴로워〉 순정편(시리즈 6편) 포스터. 도라 상의 트레이드마크인 옷차림을 잘 보여주고 있다.

라는 점을 보여주는 '이키'와 '이나세'와는 정반대의 촌스러움, 즉 '야보'의 그것이었다.

　도라 상의 옷차림은 1960년대에 '이키'와 '이나세'의 미학을 추구하는 것 자체가 촌스럽고, 시대에 뒤처진 것이라는 점을 명확하게 보여주는 상징이었다. 하지만 이렇게도 시대에 뒤떨어진 촌스럽고, 실패만 거듭하며 결코 성공한 인생을 살아가는 것으로는 그려지지 않는 도라 상에게 보내준 대중들의 실로 거대한 애정은 결국 인정이라는 단어로 함축되는 옛 에도 시대의 조닌들이 서로 돕고 살아가던 시타마치 정서에 대한 노스텔지어로 요약할 수 있다.

'이키'의 정서는 일본인의 마음속에 노스탤지어의 형태로 잠복하게 된다.

### 3. 〈도쿄 러브스토리〉를 통해 본 20세기 후반 도쿄의 도시미학

도쿄는 1964년에 개최될 도쿄올림픽을 목표로 공항 모노레일, 수도고속도로, 신칸센 등 일류 도시로서 필요한 인프라스트럭처를 완성시켜가고 있었다. 그중에서도 특히 TV 방송전파 송출을 위해 지어진 도쿄타워는 일본인에게 공습으로 폐허가 되었던 도쿄가 복구되어 다시 뉴욕, 런던, 파리와 같은 세계 유수 도시와 어깨를 나란히 할 수 있게 되었다는 선언적 상징이 되었다. 일본이 올림픽을 통해 세계에 보여주고자 했던 도쿄의 이미지 역시 다른 세계적 도시에 견주어 손색없는 세련된 국제도시였다. 이를 위해 세계인(서구 백인)에게 미관상 좋지 않게 보일 것 같은 생활양식과 문화는 구제驅除되거나 (TV에 비치지 않도록) 벽 뒤로 숨기려 했다. 그것은 도심 속 부랑자를 내쫓거나 미풍양속을 해치는 유흥업을 규제하거나 하는 행위, 즉 도시미화란 이름의 폭력이었다. 이때의 '도시미화'에서 말하는 미美는 모더니즘, 아르데코, 포스트모더니즘 등과 같은 서양 미학사조의 흐름을 따르는 보편적이고 표준화된 어떤 것이었다. 이렇게 인위적으로 만들어진 도시미화의 결과는 아스팔트 위로 높이 솟은 빌딩 숲과 도시계획으로 만들어진 질서정연한 도심 공원, 깨끗이 청소된 거리 등과 같은 서구의 메트로폴리탄에서 발견되는 보편적 인공미였다.

옛 일본의 전통적 관습과 생활양식이 교화敎化, 아니 강제적으로 교정된 도쿄에는 이에 어울리는 새로운 스타일의 미의식이 생겨난다. 올림픽 이후로 생성된 새로운 도쿄의 도시미학은 세련된 도시 청춘남녀의 생활과 연애를 그리며, 등장인물들의 라이프스타일이 트렌드에 민감한 젊은 여성층에 어필하는 '트렌디드라마'라는 TV 드라마 장르에서 잘 묘사되고 있다.[6]

1991년에 방영된 〈도쿄 러브스토리〉는 평균 시청률 23.9퍼센트, 최고시청률 32.3퍼센트를 기록하고, 사회현상으로 불릴 만큼의 대단한 인기를 얻으며 대도시의 최신유행을 미장센으로 사용하는 '트렌디드라마' 장르를 완성시킨 작품으로 평가받고 있다.[7] 〈도쿄 러브스토리〉는 고 최진실 주연의 작품이었던 TV 드라마 〈질투〉(1992)에 많은 영향을 주었고, 〈질투〉를 시작으로 한국에서도 트렌디드라마 장르의 작품들이 유행하기도 했다.[8]

〈도쿄 러브스토리〉의 연출가였던 나가야마 고조永山耕三는 드라마 속 도쿄에 대해 다음과 같이 설명하고 있다.[9]

> 무대는 1990년 전반의 도쿄였습니다. 그때의 도쿄는 멋있었어요. 시부야, 아오야마, 나카메구로, 에비스 근처에서 촬영했습니다. 오모테산도

에서 미카미와 사토미가 키스를 하고, 칸치와 리카가 일하는 회사는 나카메구로에 있었어요. 내가 생각하는 도쿄의 한가운데서 촬영했습니다.

나가야마가 말하는 "멋있는 도쿄"는 드라마 오프닝에 주제가와 함께 보이는 시부야, 신바시, 긴자, 마루노우치, 신주쿠, 도쿄도청 등에서 명확히 알 수 있듯이, 고층빌딩이 즐비한 메트로폴리탄적 공간이었다.

〈도쿄 러브스토리〉가 보여주고 있는 시부야, 신바시, 긴자, 마루노우치 등의 "멋있는 도쿄"는 집중적인 개발로 현대도시로 탈바꿈한 야마노테山の手로 불리던 옛 무사들의 거주지였다. 조닌들의 거주지이자 에도 시대의 중심지였던 시타마치와는 지리적·계급적으로 명확히 구별되는 곳이었다. 나가야마는 이러한 야마노테를 "도쿄의 한가운데"로 생각했다. 1990년대의 도쿄를 떠올려 보면 당연한 생각이었다.

그리고 "도쿄의 한가운데"에는 도쿄타워가 있었다. 〈도쿄 러브스토리〉 1화에서 에히메현愛媛県이라는 지방에서 올라온 세 명의 주인공이 도쿄타워에 올라가 도쿄를 내려다보는 장면은 당시에는 도쿄타워가 도쿄의 중심이었음을 명확하게 보여주는 장면이다.

나가야마가 그리고자 했던 도쿄의 이미지는 할리우드 영화가 투사하는 뉴욕과 같은 미국 메트로폴리탄의 미학적 이미지와 일치한다. 오프닝 장면에서의 여러 클리셰, 예컨대 뉴욕 센트럴파크를 떠

〈도쿄 러브스토리〉의 오프닝. 신주쿠 빌딩 숲과 도쿄도청이 보인다.

올리게 하는 황거皇居를 둘러싼 해자를 따라 이어지는 러닝 코스 장면, 여러 인종이 섞여 바삐 건너고 있는 건널목 장면, 고급 외제 스포츠카가 ('주차장'이라고 쓰여 있지 않고 굳이) 'PARKING'이라고 쓰여 있는 주차장에서 나오는 장면 등을 통해서도 도쿄가 가진 도시적 아름다움이 뉴욕의 그것과 같다고 어필하고 있음을 쉽게 확인할 수 있다.

따라서 〈도쿄 러브스토리〉에는 '이키즘'이 보이는 장면이나 미장센이 거의 등장하지 않는다. 〈도쿄 러브스토리〉 1화에서 남녀주인공이 처음으로 대화를 나누는 장면의 배경은 도쿄의 새로운 아이콘이 될 '레인보우 브릿지'의 건설 현장이었다. 1990년대의 도쿄는 서구의 메트로폴리탄을 목표로 계속해서 발전하는, 과거를 뒤돌아볼 필요가 없는 젊은 도시였던 것이다.

TV라는 매스미디어의 트렌디드라마를 통해 젊은 도쿄의 이미지가 한껏 뿌려지던 1993년, 〈도쿄 러브스토리〉가 보여주는 도쿄

〈도쿄 러브스토리〉의 오프닝과 1화. 도쿄타워에 올라 도시의 야경을 내려다보는 주인공들

〈도쿄 러브스토리〉 오프닝. 왼쪽 위부터 시계방향으로 시부야 신타이소(新大宗) 빌딩 주차장, 황거 주변, 도쿄 도심지 건널목

〈도쿄 러브스토리〉 1화. 남녀주인공이 대화를 나누는 첫 번째 공간은 레인보우 브릿지 건설 현장이었다.

시부야 스크램블(다중 건널목)

의 중심이 아닌, 잊힌 옛 에도 시대 시타마치의 중심이었던 료고쿠바시両国橋에 에도 시대에서부터 1964년 도쿄올림픽까지의 에도와 도쿄, 즉 에도도쿄의 문화와 역사를 전시하는 에도도쿄박물관이 개관한다. 이제 에도 시대는 박물관 속 과거가 되었으며 '이키'와 '이나세'의 미학 역시 에도 시대 소방대가 들던 깃발과 함께 박물관에 박제가 되어버렸다.

바야흐로 전 세계의 매스미디어에서 도쿄를 소개하는 미학적 클리셰는 새롭고 에너제틱한 젊은 도쿄를 상징하는 시부야의 스크램블(다중 건널목)에 쏟아지는 젊은이들의 움직임이 되었다.

### 4. 사라진 듯 남아 있는 것들: 광고가 기억한 '이키'

20세기는 '이키즘'을 최첨단의 유행이 아닌 옛 시대의 향수로 남겨두었다. 다카쿠라 겐의 임협영화와 도라 상의 〈남자는 괴로워〉는 이를 잘 보여주는 영화였다. 〈도쿄 러브스토리〉는 20세기 후반의 도쿄가 뉴욕과 같은 서구 대도시의 도시미학에 동기화되어 있었고, 젊고 에너제틱함을 상징하는 시부야의 다중 건널목과 같은 이미지가 노쿄의 미학으로 등징됐다는 점을 보여주는 트렌디드라마였다. 마침내 '이키즘'은 희미해져 잘 눈에 띄지 않는 올드패션의 그것처럼 에도(도쿄)의 어디에서도 좀처럼 찾아보기 어려운 무언가가 되어버렸다. 하지만 '이키즘'의 미학이 완전히 단절되어버린 것은 아니었다.

우리나라에서도 일본 버블경제 시대를 상징하는 멋지고 활기차며 세련된 광고로 잘 알려진 것이 1980년대 일본 코카콜라 광고다. 코카콜라는 일본 최첨단의 시대 유행에 합치하는 음료임을 강조함과 동시에 일본의 전통적 장면에서도 잘 어울리는 모습을 강조하여 일상의 어느 장면에서나 함께 할 수 있는 음료임을 광고를 통해 어필하고 있다.

코카콜라 광고영상의 사진을 보면 이러한 의도가 더욱 잘 드러난다. 세련된 커플이 만남을 가지는 장면에 코카콜라가 함께하고 있음을 부각하여 코카콜라 역시 세련된 음료임을 강조하고 있으

1987-1988년의 코카콜라 광고

1989년의 코카콜라 광고

며, 동시에 '이키'한 색상과 디자인(격자 패턴과 가부키 미스터리 패턴, 하리마야播磨屋)을 입은 전통 스모선수와도 코카콜라가 어울린다는 점을 강조하고 있다(1987-1988년의 코카콜라 광고).

1989년의 코카콜라 광고에서는 에도 시대 '히케시'의 화재진압을 시연하는 장면을 삽입하여 '이키'하고 '이나세'한 히케시와 코카콜라가 어울린다는 점을 강조한다.

'이키즘'은 올드패션인 채로 희미하지만 사라지지 않고 이어지고 있었다. 그런데 유행은 돌고 돈다고 한다.[10] 패션의 유행 주기에 대해서는 진지한 연구논문도 발표되고 있다. 이에 따르면 여성 패션의 유행 주기는 약 100년이라고도,[11] 110년이라고도 한다.[12] 그래서일까 21세기와 함께 '이키즘'은 실체적 도시미학으로 다시 도쿄에서 유행하게 된다.[13]

### 5장

# 21세기 에도도쿄로의 도시재생과 '모던 이키즘'

일본의 소프트파워를 강화하기 위한 프로젝트가 가동되자,
올드패션이었던 '이키'가 다시 주목받으며
'모던 이키즘'으로 거듭나기 시작한다.

## 1. '쿨 재팬' 프로젝트와 '이키'

하버드대학교의 조지프 나이 Joseph Nye가 제시한 '소프트파워'란 설득의 수단으로서 돈이나 권력 등의 강요가 아닌 매력의 힘(소프트파워)도 존재한다는 개념이다. 조지프 나이는, '소프트파워'는 국가에 있어서 (프로파간다로 보이지 않는) 가장 좋은 프로파간다 도구임을 주장한다.[1] 21세기에 들어서며 '소프트파워'의 개념은 설득력을 얻으

며 국제적으로 통용되는 중요한 개념이 되었다.

한국 문화가 전 세계로 퍼져 유행하는 현상을 일컫는 '한류'는 처음부터 국가가 주도한 흐름은 아니었으나, 한국 정부에서 '한류'가 국가의 위상을 높이는 (프로파간다로 보이지 않는) 중요한 프로파간다 도구, 즉 '소프트파워'임을 인지하고 '한류'를 더욱 발전시키고자 하는 국가전략이 수립되어 있음은 주지의 사실이다.

일본의 문화가 전 세계적으로 높은 관심을 받았던 때는 아직 '소프트파워'의 개념이 나오기 전인 20세기 후반의 일이었다. 21세기에 들어서며 국가의 소프트파워가 중시되기 시작하자, 일본 역시 '소프트파워'를 높이기 위한 국가 주도 프로젝트를 준비한다. 이 프로젝트는 2010년 6월 일본 경제산업성이 '쿨 재팬COOL JAPAN'으로 명명한 부서를 신설하면서 구체화되기 시작한다. 일본의 매력을 해외에 어필하여 해외수요의 획득과 함께 관련 산업의 고용을 창출하고자 하는 이른바 '쿨 재팬 프로젝트'의 시작이었다.

한 국가의 '소프트파워'를 과시할 수 있는 가장 큰 이벤트 가운데 하나는 올림픽일 것이다. 2013년 9월, 도쿄는 2020년 하계올림픽 개최지로 선정된다. 두 달 후인 같은 해 11월, '쿨 재팬 프로젝트'는 정부와 대기업이 함께 참여하는 대규모 관민 펀드의 조성과 함께 만들어진 '해외수요개척지원기구'가 담당하게 되며, 대규모 국책사업으로 확장된다. '쿨 재팬 프로젝트'의 본질을 2020년 도쿄올림픽 개최와 연동되는 1964년 도쿄올림픽의 도시미화 프로그램의

21세기 버전이라고 말한다면 과언일까. 적어도 '쿨 재팬 프로젝트'가 올림픽을 하나의 목표점, 혹은 전환점으로 삼고 있었던 점은 명확해 보인다.

'해외수요개척지원'을 위한 키워드가 된 '쿨cool'은 영어권에서는 패셔너블하다, 멋있다, 훌륭하다, 매우 좋다는 의미로 통용되고 있으며, 일본에서도 외양과 형태가 멋있다는 의미의 '각코이格好いい'라는 단어로 번역되어 멋있다, 훌륭하다, 매우 좋다는 의미의 '쿨하다クールだ'라는 외래어 형용사로 정착되고 계속 그 의미가 확장되어가고 있다.

'쿨 재팬'은 세계로부터 '쿨'하다고 받아들여질 수 있는 일본의 '매력'을 의미한다. '쿨 재팬 프로젝트'는 음식, 애니메이션, 팝 컬쳐, 신칸센, 전통 공예, 유명 관광지 등과 같이 일본인이 전형적으로 떠올릴 수 있는 매력만이 아닌, '시부야 스크램블', '도시락', '방과 후 활동', '뒷골목 풍경'에 이르기까지 일본인은 인식하지 못하지만, 세계인이 '쿨'하다고 느끼는 것들은 모두 '쿨 재팬'으로 보고 세계에 어필하겠다는 전략이다.[2]

일본의 옛 전통적 미학에서부터 현대의 애니메이션, 게임에 이르기까지 고급과 대중문화를 모두 아울러서 '쿨'함을 찾아내겠다는 '쿨 재팬' 전략에 가장 잘 어울리는 일본의 전통 미학은 현대적 '쿨'함과 가장 많은 교집합을 갖는 '이키'였다. 2013년 3월 21일에 "쿨 재팬, 진수真髄는 '이키粋' 심볼 작성, 기념주화 제조로"라는 제

목으로 일본《산케이신문》에 실린 기사의 내용은 다음과 같다.[3]

> 정부가, 일본의 애니메이션이나 패션을 해외에 어필하고자 하는 '쿨 재팬'을 추진하려고, 산뜻하고 세련된 일본인을 표현하는 말 '이키'를 전면에 내세운 심볼 마크를 만들어, 기념주화를 제조할 준비를 시작한 것으로 20일 밝혀졌다. … 심볼 마크는 히로시마시의 그래픽 디자이너, 다무라 야스히코田村泰彦(53세)의 작품으로 예정 중이다. 마크는, 흰색 바탕에 붉은 날의 인을 그려, 거기에 '이키粹 JAPAN'과 영문 'We deliver you cool japan first'를 덧붙이고 있다. 다무라 씨는 "기세가 있는 일본 문화와 '이키'한 마음가짐을 표현했다"라고 말한다.

실제로 기념주화가 발행되었는지는 알 수 없으나, 이 기사를 통해 '쿨'을 '이키'의 번역어로 사용하고 있음은 확인할 수 있다.

구키 슈조는 의도적으로 '이키'를 히라가나로 표기하고 있었으나, 21세기에 들어서서는 위의 용례에서 알 수 있듯이 '순수할 수粹'자를 사용하여 '이키'를 표기하는 경우가 늘어난다. 예를 들어 일본을 대표하는 우키요에 화가 가운데 한 명인 히시카와 모로노부菱川師宣 기념관에서 2014년에 개최된 미인화 전시회에 대한 선전에도 '쿨 재팬'과 '이키'를 함께 사용하고 있는데 여기에서도 '이키'를 히라가나가 아닌 '粹'로 쓰고 있다.

**'COOL JAPAN 에도 미인: 에도에서 살아간 이키하고 이나세한 여성들' 개최**

일본의 미인에 대한 기준은 시대에 따라 다양하게 변해왔지만, 에도 후기에는 시대의 풍조에 영향을 받아서인지 강하고 세련된 '이키'한 삶을 살아가는 여성이 인기가 있어 우키요에에도 많이 그려집니다. 원조 아이돌 격인 찻집의 점원으로부터, 남자를 능가하는 여장부 스타일의 미인, 꿋꿋하고 늠름하게 살아간 가게의 여주인 등, 이때의 일본 여성들은 씩씩했습니다. 그런 평범한 시정의 여성들에게 초점을 맞추어, 우키요에로 그려진 에도막부 말기로부터 메이지에 걸친, 에도란 도시 속을 살아간 '이키粹'하고 쿨(각코이格好いい)한 미인들을 소개합니다.[4]

'이키いき'에서 '이키粹'로 변한 21세기의 '이키'는 세계의 보편적 미의식인 'cool'과 많은 교집합을 갖고 있으면서도 일본만의 순수함(粹)과 아이덴티티도 강조되는 확장된 의미의 '이키즘'으로 어필되기 시작한다. 21세기에 들어 확장된 의미로 사용되는 '이키즘'을 '모던 이키즘'이란 단어로 구별지어 사용하고자 한다.

### 2. '일본박' 프로젝트와 〈히노요진〉의 '이키', '이나세'

2015년, 일본 문화청은 '쿨 재팬 프로젝트'에 연계하여 '일본의 미

종합 프로젝트 간담회'日本の美'総合プロジェクト懇談会'를 개최한다. 이 간담회를 통해 '일본의 미'는 자연에 감응하고 자연을 경외시하는 일본인의 마음이, 고대 토기에서부터 불상, 우키요에, 병풍, 그림, 찻잔 등의 공예와 기모노 등의 염색, 노와 가부키와 같은 무대예술, 현대의 만화, 애니메이션 등의 다양한 예술 분야와 의식주 생활에 걸쳐서 구체화된 것으로 설명한다.[5]

일종의 메니페스토로 이해할 수 있는 '일본의 미'에 대한 일본 문화청의 표현을 일본의 3대 미학으로 해석해보면, 자연에 감응하고 경외시해왔던 일본인의 마음은 '모노노아와레'로 이해할 수 있다. 또한 불상과 찻잔, 노 등은 '와비사비'의 개념으로 해석 가능하다. 그리고 우키요에와 기모노의 염색, 가부키 등은 다름 아닌 '이키'로 이해할 수 있을 것이다.

이러한 전통 미학을 현대의 만화, 애니메이션 등의 예술과 의식주 생활에서 되살리거나 발견하겠다는 것이 '일본의 미 종합 프로젝트'로, 이 프로젝트는 2020년 도쿄올림픽 개최에 맞추어 일본 전국 각지에서 일본인의 미의식과 가치관을 국내외에 어필하고자 하는 '일본박日本博 프로젝트'로 이어진다.

'일본박 프로젝트'의 세부 프로그램 가운데 하나로 일본의 만화, 애니메이션, 게임 등에 그려진 도쿄의 자연, 역사, 풍토, 문화를 에도시대부터 현대까지 소개하는 'MANGA 도시 TOKYO'가 기획된다. 이 기획전에 출품된 작품 중에서 에도 시대에 벌어진 대화재를 배경으로 멋진 '히케시'가 되고 싶어했던 주인공의 사랑을 그린 불조심이라는 의미의 〈히노요진 火要鎭〉이 있다(화보의 그림 14).

〈히노요진〉은 일본 애니메이션을 세계에 알린 수작이자 2020년 도쿄올림픽의 중지를 예언한 작품으로 화제가 되기도 한 〈아키라 Akira〉(1988)의 감독, 오토모 가쓰히로 大友克洋의 작품이다. 〈아키라〉의 배경이 근미래의 도쿄였듯 오토모는 도쿄의 공간에 많은 관심을 가진 감독이다. 오토모는 인터뷰를 통해 〈히노요진〉은 국제애니메이션 페스티벌에 출품할 작품으로 일본적인 것이 좋다는 조언을 듣고, 자기 단편작을 화재와 화재진화의 역동성에 중점을 둔 에도의 소방수, 즉 '히케시'의 이야기로 재편집하며, 일본적 아름다움을 위하여 기모노의 디자인과 소방수의 문신에 많은 공을 들여 만들었다고 밝혔다.[6]

〈히노요진〉의 줄거리는 다음과 같다. 가업을 이어나가야 할 명문가의 아들인 주인공은 '이키하고 이나세한' 히케시를 동경하여 몸에 문신을 한다. 하지만 곧 문신한 것이 발각되어 이에 격분한 부친이 아들을 의절한다. 집에서 쫓겨난 주인공은 원하는 대로 히케시가 되었다. 그런데 주인공과 미래를 약속했던 여주인공의 실수로 에도에는 큰불이 일어나게 된다. 불을 끄러 들어간 주인공이 지붕 위에서 사랑하는 여주인공과 만나지만 끝내 둘 다 불길 속에서 나오지 못한다.

작품에 묘사되고 있는 커다란 화재 속에서 용감하게 불길을 잡기 위해 동분서주하는 히케시들의 모습에서, 오토모가 말하는 '일본적 아름다움'이란 '이키'와 '이나세'를 말하고 있음을 알 수 있다. 'MANGA 도시 TOKYO'에 〈히노요진〉이 출품되고 상을 받은 것은 '이키'와 '이나세'의 미학이 다시 주목받게 될 것을 알리는 신호탄이었다.

### 3. 도쿄의 중심으로 돌아오는 시타마치

21세기에 들어서자, "도쿄의 한가운데", 즉 야마노테 안쪽의 빌딩 숲은 성장기를 지나 완숙기로 접어든다. 20세기의 젊은이들은 21세기에는 장년층이 되었다. 모든 것들이 완성되었으며, 이윽고 낡기 시작했다. 그리고 새로운 어떤 것들이 탄생한다. 인터넷과 HDTV(High-Definition Television)로 대표되는 디지털 전송방식의 뉴미디어 같은 것들이었다.

"도쿄의 한가운데"의 상징이었던 도쿄타워는 아날로그 TV 방송을 위한 전파탑이었다. 디지털 방송으로의 100퍼센트 전환은 2011년 7월 24일로 예정되었다. 도쿄타워의 기능적 종말이 카운트다운되고 있었고, 도쿄는 새로운 디지털 방송용 전파탑 건설을 결정했다. 도쿄타워의 전례가 있었기에 새로운 전파탑이 새로운 "도쿄의 한가운데"가 될 것임은 누구나 예상할 수 있었다. 수도권 각 지역에서 새로운 "도쿄의 한가운데"를 위하여 전파탑 유치 활동이 벌어졌고 최종적으로 아사쿠사와 에도도쿄박물관에서 가까운 도쿄 스미다구墨田区 오시아게押上가 선정되었다.

2008년 7월에 착공되어 2012년 2월에 준공된 디지털 방송을 위한 전파탑은 '도쿄스카이트리'로 명명되었다. 2012년 5월에 발표된 일본 국토교통성의 보고서에는 '도쿄스카이트리'를 통해 그동안 활용되지 못했던 주변의 역사적 관광자원을 정비하여 관광 거점화 하겠다는 도시재생계획이 실려 있다.[7]

'도쿄스카이트리'가 건설된 오시아게는 에도 시대에는 한적한 교외 지역이었다. 그렇지만 에돗코들에게 가메이도 덴만구亀戶天満宮를 비롯한 스미다가와 칠복신隅田川七福神, 우시지마牛嶋 신사, 미메구리三囲 신사와 같은 오시아게의 절과 신사가 영험하다고 소문이 나며 사람들이 몰려들었고 이에 요정 등의 행락 시설도 들어섰다. 행락의 명소가 된 오시아게는 교외 지역에서 대중들의 시타마치로 편입되어갔다. 국토교통서의 보고서가 말하고 있는 역사적 관광자원이란 바로 이러한 오시아게의 사찰과 신사를 말하는 것이다.

2012년 5월에 실시한 타워의 명칭 공모에서 가장 많은 표를 받은 것은 '도쿄스카이트리'가 아닌 '오에도타워大江戸タワー'였다.[8] 일본인에게 있어 오시아게는 즉각적으로 에도의 시타마치를 떠올리는 지역임을 알려주는 에피소드라 할 것이다.

국토교통성의 도시재생계획, 즉 도쿄재생계획 역시 '쿨 재팬',

'일본박' 프로젝트와 마찬가지로 도쿄올림픽을 하나의 도달점이자 전환점으로 삼고 있는 21세기 버전 도시미화 프로그램이었음은 물론이다. 하지만 1964년과 다른 점이 있다면 도시미화의 방향이 서구적 메트로폴리탄이 아닌 도쿄만의 헤리티지를 소구하는 쪽이라는 점이다. "활용되지 못했던 주변의 역사적 관광자원"은 이러한 방향성을 명확히 하는 선언이었다.

'도쿄스카이트리' 개장을 기점으로 각종 매스미디어에서는 '에도도쿄'라는 단어가 자주 등장하며 에도 시대가 재조명받기 시작한다. 에도 시대의 중심이었으나 근대화 이후 중심지에서 멀어졌던 시타마치는 새로운 "도쿄의 한가운데"의 상징과 함께 다시 도쿄의 중심으로 재생되기 시작한다.

도쿄가 주인공이 되는 다큐멘터리, TV 예능이 쏟아지기 시작했고, 인물이 아닌 도쿄가 주인공이 되는 드라마가 제작되고 인기를 얻기 시작했다. 예컨대 우리에게도 익숙한 드라마인 〈고독한 미식가〉는 도쿄 시타마치의 맛집과 그 주변을 보여주는 도쿄가 주인공이 되는 드라마의 예라고 할 것이다.

이러한 흐름 속에 있던 2014년 12월, 테레비도쿄テレビ東京는 〈도쿄 센티멘탈東京センチメンタル〉이라는 드라마를 방영한다. 〈도쿄 센티멘탈〉의 오프닝에 등장하는, 스미다가와에서 "도쿄의 한가운데"였던 도쿄타워를 비추자 카메라가 스팬하여 새로운 "도쿄의 한가운데"가 될 도쿄스카이트리를 비추는 장면은 '쿨 재팬'과 '일본박',

〈도쿄 센티멘탈〉의 오프닝. 도쿄타워의 시대(왼쪽)에서 도쿄스카이트리의 시대(오른쪽)로.

도쿄재생계획 등의 거대 프로젝트가 가리키는 목표와 방향을 시각적으로 보여주었다는 점에서 매우 인상 깊다.

〈도쿄 센티멘탈〉의 홈페이지에는 드라마의 볼거리에 대해 다음과 같이 설명한다.[9]

> 개발이 진행되는 도쿄라는 거리 속에서도 옛날과 다름없는 도쿄 시타마치가 있습니다. 그 풍경 속에서 그려지는 아련한 사랑. … 시타마치에 있는 실재하는 가게가 드라마의 무대가 되는 것도 볼거리 가운데 하나입니다. 다쿠조가 안내해주는 명소도 함께 즐길 수 있습니다. 시타마치의 매력을 재발견할 수 있고, 살짝 슬프고 노스탤지어한 기분이 들 것만 같은 어른들의 사랑 이야기를 꼭 지켜봐 주시기 바랍니다.

에도의 시타마치는 대중문화의 중심이었으며, 새로운 유행과 문화가 끊임없이 창조되던 공간이었다. 옛 시타마치 공간의 현재를

"도쿄 시타마치"로 표현하고 있는 것은 에도 시대의 유산과 현대의 모던함이 함께 어울려져 있는 공간이라는 의미와 함께 〈도쿄 센티멘탈〉에 있어서의 "도쿄의 한가운데"는 도쿄타워의 야마노테가 아닌 도쿄스카이트리의 시타마치 지역임을 말하는 것이라고 이해할 수 있다. "도쿄 시타마치"의 볼거리 가운데 하나인 "시타마치에 있는 실재하는 가게"들은 오랜 역사를 가진 시니세老舗를 말한다. 예를 들어 〈도쿄 센티멘탈〉 1화에 소개되는 야나카의 오래된 찻집인 '가야바커피'는 등장인물의 입을 통해 "꽤나 세련되어졌는데요? 리모델링을 했나 봐요"라고 언급되고 있다. 시타마치의 시니세들은 옛 시대의 노스탤지어를 자극함과 동시에 현재에도 통용될 수 있는 대단히 세련된 모습을 동시에 갖추고 있음을 강조하는 것이다. 옛 시대의 전통 미학, 혹은 유물로 남겨졌던 '이키'는 21세기의 세련됨이 더해져, 바야흐로 '모던 이키즘'으로 부를 만한 새로운 에도 도쿄만의 미의식으로 확장되기 시작한 것이다.

〈도쿄 센티멘탈〉의 주인공, 구루리 다쿠조久留里卓三는 앞서 소개한 《일본협객전: 가미나리몬의 결투》의 공간적 배경이기도 했던 아사쿠사에 있는 고토토이바시言問橋라는 다리 옆에 자리잡은 화과자和菓子점 구루리야くるりや의 3대째 주인이다. 〈도쿄 센티멘탈〉 10화에서 아르바이트생이 전화로 화를 내고 있던 다쿠조를 본 놀란 손님에게 "아 죄송합니다. 놀라셨죠? (사장님이) 에돗코의 장인기질江戸っ子の職人気質이라, 지금 건 (심각한 말싸움이 아니라) 안부 인사 같은

〈도쿄 센티멘탈〉의 구루리 다쿠조

거예요"라며 진정시키는 장면에서 말하고 있듯, 다쿠조는 태어난 곳도 자란 곳도 도쿄인 도쿄 토박이, 즉 에돗코로 그려진다.

이러한 에돗코 다쿠조의 스타일에 대해 프로그램의 홈페이지에서도 '댄디한 도라 상おしゃれ寅さん'이라고 밝히고 있는 것처럼 앞서 설명한 도라 상의 오마주였다.

도라 상의 옷차림은 시대에 따라가지 못하고 남겨진 사람이라는 점을 보여주는, 스스로는 '이키'한 차림새라고 으스대고 있으나 실은 그렇지 못한, 즉 '야보'라 불리던 촌스러움이었다(159쪽의 도라 상의 차림새를 보라).

21세기의 다쿠조는 도라 상의 '야보'한 스타일을 댄디하게 활용하여 세련된 컬러매치의 트렌치코트와 중절모, 구두를 갖춰 입는다. 야쿠자의 상징이었던 용 문신의 메타포였던 도라 상의 목에 걸린 부적은 3대째 가업을 이어오는 장인인 다쿠조에겐 필요 없는 장치였다. 다쿠조의 목에는 얼핏 구닥다리 필름 카메라처럼 보이지만, 최신이자 가장 세련된 카메라로 여겨지는 라이카 M이 걸려 있다. 다쿠조의 패션은 21세기의 새로운 '모던 이키즘'의 구체적 예라 할 것이다.

'이키'한 다쿠조는 '이키'한 장소에 가야 한다. 〈도쿄 센티멘탈〉 '오시아게의 사랑' 편의 공간적 배경인 오시아게는 '도쿄스카이트리'가 세워진 지역이다. 특히 다쿠조가 데이트하는 장소인 가메이도 덴만구는 일본 국토교통성의 보고서에서 말했던 그동안 활용되지 못했던 바로 그 주변의 역사적 관광자원이다. 가메이도 덴만구가 역사적 관광자원이 된 것은 에도 시대에 가메이도 덴만구가 '이키'한 장소로 각광받던 핫플레이스였기 때문이다.

덴만구는 학문의 신으로 숭상되는 스가와라노 미치자네菅原道真를 주신으로 하는 신사이며 대개 매화나무가 상징이 되는 곳이 많으나(덴만구 신사는 여러 곳에 있다), 가메이도에 있는 덴만구는 등꽃으로 더욱 유명하다. 중심부가 높이 솟아, 활처럼 둥글게 보이는 다리 또한 유명하여 히로시게가 그린 가메이도 덴만구의 그림에도 등꽃과 둥근 다리가 포인트다. 봄에 핀 매화라는 의미의 슌스이의 닌조본 《우메노하루梅之春》(1838)에서는 가메이도 덴만구에 대해 "경내

위: 우타가와 히로시게, 《명소에도백경(名所江戶百景)》 중 〈가메이도 덴진 경내(亀戶天神境內)〉
아래: 〈도쿄 센티멘탈〉 2화 '오시아게의 사랑'의 한 장면

의 매화는 이키스럽고境内の梅は粋なる"라고 표현할 만큼 당시의 에돗코들에게 있어 가메이도 덴만구는 '이키'한 장소였던 것이다.

다쿠조가 가메이도 덴만구의 역사와 명물에 대해 여주인공에게 (실제로는 시청자에게) 설명해줄 수 있는 것은 다쿠조가 에도도쿄의 시타마치에 정통한 '이키'한 인물이라는 설정이기에 가능한 것이었다.

2020년 도쿄올림픽을 시야에 둔 '쿨 재팬' 프로젝트와 '일본박' 프로젝트는 노스탤지어로 남아 있던 '이키'라는 에도 시대의 전통 미학을 현대적으로 재해석할 수 있는 기회를 제공했다. 현대적 트렌드에 맞춘 '모던 이키즘'은 옛 에도의 시타마치를 중심으로 하는 에도도쿄로의 도시재생계획과 맞물려 매스미디어의 각광을 받게 된다. 〈도쿄 센티멘탈〉은 "도쿄의 한가운데"가 도쿄타워에서 도쿄 스카이트리로 바뀌며 에도의 문화, 에도의 미학인 '이키'가 재조명 되는 시대의 흐름을 잘 보여주는 드라마였다.

2부작 특별드라마로 제작되었던 〈도쿄 센티멘탈〉은 방송국의 생각보다 많은 인기를 얻으며 매주 금요일 심야에 연속드라마로 확장 방영되었다. '모던 이키즘'은 대중들의 지지를 받기 시작했다.

## 4. 도쿄올림픽과 '모던 이키즘'

### 1) 엠블럼

우리는 2020년에 있었던 코로나19로 인한 재난 상황을 기억한다. 도쿄올림픽을 통해 새롭게 '부흥'하려 했던 일본 정부에게 펜데믹은 일본의 '부흥'을 막는 악몽이었다. 올림픽 취소라는 선택지가 유력해지는 상황이 있었지만, '부흥'이라는 아젠다를 도쿄올림픽에 부여한 이상, 일본 정부에게 있어 올림픽은 결코 포기할 수 없는 옵션이었다. 결국 예정일보다 1년 미뤄진 2021년 7월 23일, 도쿄올림픽(공식 명칭은 '2020 도쿄올림픽'을 유지했다)이 개최된다.

여러 가지 우여곡절이 있었지만, 결과적으로 '쿨 재팬'과 '일본박' 등의 프로젝트에서 지향하던 방향은 도쿄올림픽에 반영이 되었다. 2020 도쿄올림픽 공식 엠블럼 디자이너인 도코로 아사오 野老朝雄는 엠블럼의 모티브를 가부키 격자무늬 패턴 가운데 하나였던 '이치마쓰'에서 가져왔다고 밝힌다.[10] '이치마쓰'가 '이키'한 패턴이었다는 점은 앞서 설명한

도쿄올림픽 공식 엠블럼

것과 같다. 엠블럼의 색상 역시 '시부미'의 남색, 즉 '이키'의 색이었음은 물론이다. 따라서 도쿄올림픽의 엠블럼은 '이키'를 현대적으로 재해석한 '모던 이키즘'적 디자인을 적용했다고 볼 수 있다.

#### 2) 개막식 공연에서 프레젠테이션된 '모던 이키즘'

개막식 공연의 첫 순서는 'The Rhythm of Tradition'이었다. 공연 시작과 함께 등장한 것은 다름 아닌 '이키'한 남색 유니폼(핫피法被라고 부른다)을 입고 마토이를 든 '히케시'와 집을 짓는 '도비'들이었다. 'The Rhythm of Tradition'에 대해 KBS2는 "일본의 전통적인 목공예 기술과 장인들이 만들어내는 소리와 리듬이 주제. 목소리, 손뼉 소리, 목공소리, 발을 두드리는 소리가 하나의 리듬이 되듯이 전 세계의 문화적 다양성이 조화롭게 어우러지는 것을 의미한다"라고 공연을 해설했다.[11]

공연 음악의 의미는 그러할지 모르겠으나, 영상으로 보이는 것은 '이키하고 이나세한' '히케시'가 코로나19와 같은 각종 재해로부터 올림픽 무대를 지키고 또한 '이키하고 이나세한' '도비'들이 팬데믹으로 망가진 올림픽 무대를 다시 재건한다는 메시지였다.

'The Rhythm of Tradition' 이후, 선수들이 입장하고, 영상공연을 통해 도쿄타워에 이어 도쿄스카이트리에 불이 켜진다. 개막식의 피날레인 성화 점화 전의 마지막은 'Timeless Tokyo'라는 제목

마토이를 흔드는 '히케시'와 도쿄라고 쓰여 있는 겉옷을 입고 집을 짓는 '도비'

의 공연으로 '이키'의 상징이기도 한 이치카와 단주로의 〈시바라쿠〉가 펼쳐진다.* 단주로는 〈시바라쿠〉 공연 중에 '니라미にらみ'로 불리는 관중을 노려보는 퍼포먼스도 보여준다(화보의 그림 15). (나리타후도의 화신인) 단주로의 '니라미'를 맞으면(눈이 마주치면) 씻은 듯

이 병이 낫는다든가 1년간 병에 걸리지 않는다 등의 속설에서 펜데믹 상황의 종식을 기원하는 퍼포먼스였음을 알 수 있다.

2020 도쿄올림픽의 개막식 공연은 '모던 이키즘'에 대한 글을 쓰는 입장에서는 현대로 이어지는 '이키'와 '이나세'를 알기 쉽게 설명할 수 있는 절호의 퍼포먼스였지만, 재미있는 올림픽 개막식을 기대하던 일본인과 세계인에게는 그리 인상적인 공연은 아니었던 모양이다.

팬데믹 상황과 여타의 사정이 맞물려 개막식 공연의 책임자와 내용이 여러 차례 바뀌게 된 것이 공연의 질을 떨어트린 가장 큰 이유로 들 수 있을 것이다.[12] 또한 도쿄도지사 고이케 유리코小池百合子가 '히케시'의 공연을, 전 일본 총리였던 모리 요시로森喜朗가 이치카와 단주로를 개막식에 등장시키기 위해 힘을 썼다는 막후의 사정도 있었다고 한다. 이러한 요인들이 개막식 공연의 질적인 면에 영향을 주었다는 점은 부정할 수 없지만, 그렇기 때문에 오히려 개막식의 '히케시'와 '가부키' 공연이 올림픽을 목표로 해왔던 '쿨 재팬'과 '일본박'의 방향을 더욱 명확하게 잘 보여주고 있음을 확인할 수 있었다.

올림픽이라는 터닝포인트를 돌자 '쿨 재팬', '일본박' 등의 프로

---

\* 정확히는 아버지인 이치카와 단주로가 사망한 후 펜데믹으로 습명(襲名)이 이루어지지 않은 채로 아들인 이치카와 에비조(市川海老蔵)가 공연했다. 현재는 습명이 이루어져 아들 에비조가 단주로의 이름을 물려받았다.

젝트들은 올림픽 이후의 일본 문화 발신을 향해서 새로운 방법과 방향을 모색하고 있다. '쿨 재팬' 프로젝트는 '쿨 재팬 기구(cj-fund. co.jp)'로 조직되어 일본의 문화를 상품화하고 이를 해외로 판매할 수 있는 여러 가지 방법들을 모색 중이다.

'일본박 프로젝트'는 2025년 '오사카 간사이 만국박람회'를 목표로 일본의 아름다움과 매력을 발신하고 문화예술의 진흥과 발전을 도와 일본 여행의 수요를 늘리겠다는 '일본박2.0 프로젝트'로 이어지고 있다.

도쿄는 올림픽 이후, 새로운 슬로건으로 "Old meets new tokyo tokyo"를 내건다. 에도가 도쿄의 옛 이름이라는 것을 모르는 사람들에게는 지금까지 사용해온 '에도도쿄'라는 키워드가 이해하기 어려울 수도 있을 것이다. 이를 '도쿄'를 반복해서 쓰나 예스러운 폰트와 현대적 폰트를 쓰는 것으로 '에도도쿄'를 표현하고 있는 점이 인상 깊다(화보의 그림 16). '에도도쿄'를 대신하는 새로운 슬로건, '도쿄.도쿄'의 가운데에 찍힌 점은 다름 아닌 '쿨 재팬 프로젝트'에서 강조했던 시부야의 스크램블이다.

'쿨 재팬 기구'와 '일본박2.0 프로젝트', "Old meets new tokyo tokyo" 등에서 알 수 있듯, 이러한 흐름 속에서 '이키'와 '이나세'는 '모던 이키즘'의 형태로, 에도도쿄의 미를 대표하는 키워드로서 그 영역이 더욱 확장되어갈 것으로 예상된다.

에도 시대에서부터 시작한 '이키'와 '이나세'의 이야기는 20세기를 거쳐 2020년 도쿄올림픽을 지나 현재에 이르게 되었다. 그렇다면 한국의 도시미학은 어떻게 형성되어왔을지도 궁금해진다. 다음 장에서 간략하게나마 한국 도시미학의 형성 과정에 대한 설명을 시도해보고자 한다.

**6장**

# 한국 도시미학의 전개

❀

한국 역시 매스미디어가 등장하면서 도시의 패션과 미의식이
전국으로 퍼져나가기 시작했고, 그 패션과 미의식의 밑바탕에는
'이키'와 마찬가지로 이성에의 섹스어필이 있었다.

이웃 나라 일본의 대중문화 성장이 특이하게 빨랐을 뿐, 세계사적 시각으로 보았을 때 한국 역시 세계 여러 다른 나라와 마찬가지로 근대 산업사회의 시작과 함께 대중사회가 만들어지고 대중문화가 형성되어간다.[1] 대중사회가 산업사회의 등장에 따른 근대적 산물임을 전제로 한다면 대중적 매체를 활용한 문화소비상품을 대중문화상품이라 불러도 될 것이다.[2]

한국에서 대중문화상품으로서의 책은 최남선이 일본에서 인쇄

기를 도입하여 책의 대량생산체제를 갖춘 '신문관'이라는 출판사를 차린 1908년 이후다.[3] 신문관은 책을 대량으로 출판할 수 있는 기술을 사용하여 육전소설이라 불리는 값싼 소설책을 양산하기 시작한다.[4]

이후 박문서관, 회동서관 등의 서점과 출판사를 겸업하는 영세 출판사들도 신문관의 육전소설과 같은 값싼 소설을 양산했다. 이들 소설은 표지가 딱지처럼 울긋불긋하게 채색되었다고 하여 딱지본이라는 이름이 붙었으며, 약 20-30전으로 살 수 있을 만큼 저렴한 가격으로 출판된 소설책이었다.[5]

문학계에서는 그 질적 수준 때문에 딱지본을 무시(멸시에 가까운)했지만, 딱지본이 각 출판사의 캐시카우였던 것은 무시할 수 없는 사실이다. 딱지본을 출판하던 박문서관은 1930년대 한국 최대 규모의 출판사로 성장하게 되며, 회동서관 또한 1920년대 중반까지 대구에 지점을 운영할 정도로 사세를 확장시킬 수 있었다.[6]

딱지본은 농민, 노동자, 서비스업의 하급 고용직, 서민층의 가정주부, 즉 대중들이 읽는 책이었다. 요컨대 앞서 살펴본 에도 시대 닌조본이 그러했듯, 딱지본은 국지적 유행을 전국으로 전파할 수 있는 매스미디어로서 기능할 수 있게 되었다.

최초의 딱지본은 〈춘향전〉을 개작하여 보급서관에서 간행한 이해조의 《옥중화》(1912)로 알려져 있다.[7] 시간이 지남에 따라, 고전문학의 리메이크뿐만 아니라 탐정소설과 연애소설 등 출판 당시의 시대 상황을 반영한 소설들이 출판되기 시작한다. 당시를 시대적 배경으로 삼는 딱지본 소설들은 주로 경성과 평양, 즉 근대적 도시를 공간적 배경으로 사용했다.

예컨대 1934년에 세창서관에서 간행된 김정표의《술은 눈물인가 한숨이런가》를 들 수 있다.* 소설의 공간은 당시의 핫플레이스였던 장충단 공원을 시작으로 하는 경성의 곳곳이었다. 소설의 제목은 경성선린상업학교를 나온 것으로도 유명한 고가 마사오古賀政男가 작곡한 당대 최고의 유행가〈술은 눈물인가 한숨인가酒は淚か溜息か〉에서 가져온 것으로, 당시의 최신 유행을 소설에 반영시키고 있음은 물론 '키쓰'(26쪽) 등의 최신 유행어를 소설에 도입하고 있다는 점은 매스미디어였던 딱지본을 통해 경성의 유행이 전국으로 전파될 수 있었다는 가능성 때문에 흥미롭다.

에도의 매스미디어였던 닌조본이 당시의 유행에 민감한 세련된 주인공, 즉 '이키'한 인물을 묘사하는 것으로 당시의 풍속과 유행을 표현했고, 삽화도 있었기에 최신 유행의 '이키'한 음악과 패션, 요정에 이르기까지, 독자들이 보고 따라 할 수 있는 패션잡지와 같은

---

\* 작가인 김정표에 대해서는 아직 알려진 바가 거의 없으며, 필명으로 집필하던 딱지본 대중소설의 특성상 본명인지도 불확실한 상황이다. 다만 대개 '일본에서 유학한 고학생'이 주로 누자소설(淚子小說)의 작가였다는 선행연구를 통해, 김정표는 일본 대중문학의 독서 경험이 있었을 일본 유학생 가운데 한 명일 가능성이 높으나, 앞으로의 연구가 더욱 필요한 실정이다. 고려대학교 중앙도서관 소장의 판본과 동년 춘양사에서 간행된 판본(국립중앙도서관 소장)이 확인되고 있다.

역할을 하며 에도의 유행을 전국으로 전파하고 있었다는 점은 앞서 설명한 바와 같다. 딱지본 역시 소설의 표지에 채색된 그림을 넣어 독자들에게 작품의 내용을 암시하는 한편, 닌조본과 마찬가지로 당시의 풍속과 유행 패션을 전파할 수 있는 패션잡지와 같은 기능을 가졌다고 볼 수 있다.

예를 들어 딱지본의 표지들을 보면, 당시의 여성들 사이에 양산이 유행하고 있음을 알 수 있다(《청춘의 화몽》,《운명》). 또한 여성들이 한복 위에 숄을 걸치는 것이 유행하는 패션이었다는 점도 확인할 수 있다(《애정의 눈물》,《쌍련몽》). 패턴이 들어간 치마와 빨간색의 옷고름이 유행했으며(《청춘의 화몽》,《초생달》,《부》,《모》), 서구의 최신패션인 플래퍼 룩Flapper look도 등장하는 등(《다정다한》), 딱지본이 패션잡지와 같은 기능을 하고 있었음을 보여준다.[8]

딱지본의 표지디자인은 일본의 닌조본에서 이어지는 일본 근대의 대중소설 표지디자인의 영향을 강하게 받고 있다.[9] 내용 또한 《이수일과 심순애》 같은 일본 작품의 번안물 역시 적지 않았다. 하지만 그럼에도 딱지본에 묘사된 경성과 평양의 도시미학적 감성은 일본의 도시미학에서 발견되지 않는 한국적 문화와 한국적 도시만의 특성이 반영된 것이었다.

대중들의 미학은 대중의 미디어, 즉 매스미디어에 기록되고 묘사되어 다시 대중들에게 더 큰 영향을 준다. 딱지본 이후로의 한국의 매스미디어는 세계 여느 나라와 마찬가지로 신문, 영화, 라디오

왼쪽 위부터 시계 방향으로 《청춘의 화몽》, 《운명》, 《애정의 눈물》, 《쌍련몽》, 《다정다한》, 《모》, 《부》, 《초생달》

와 TV로 확장되어갔고, 한국의 매스미디어 역시 한국 대중들의 유행과 미의식을 충실히 반영하고 있었으며, 또한 대중들에게 강력한 영향을 미치고 있었다.

한국전쟁이 끝난 다음 해인 1954년, 정비석의 《자유부인》은 당시 패션의 중심지였던 명동의 양장점을 배경으로 하여, 교수 부인의 불륜이라는 자극적인 스토리가 1954년 1월 1일부터 같은 해 8월 6일까지 215회에 걸쳐 《서울신문》에 연재되었다. 《자유부인》은 독자들이 신문의 가판시간에 맞춰 줄을 설 정도로 폭발적 인기를 얻으며 같은 해 단행본으로도 출판되었고, 우리나라 출판 사상 처음으로 10만 부 이상이 팔린 명실공히 최초이자 최고의 베스트셀러였다. 2년 후인 1956년에는 한형모 감독의 영화로 개봉되어 관객 14만 명을 동원하며 그해 한국 영화 흥행 1위를 차지한다.[10] 신문과 책, 그리고 영화라는 매스미디어를 통해 흥행한 한국 근대사회 대중예술의 가장 좋은 예라 할 것이다.

매스미디어를 통한 1950-60년대의 한국 사회의 패션과 유행에 대한 연구는 이미 다양한 분야에서 진행되어 있어 조금만 찾아본다면 많은 흥미로운 이야기를 쉽게 접할 수 있기 때문에,[11] 《자유부인》이 인기를 얻던 당시의 도시 문화에 대한 다음의 기사를 인용하는 것으로 한국 도시미학의 상황을 요약해보고자 한다.[12]

6·25전쟁에서 민간으로 흘러나온 군복과 구호품을 입는 가난 속에서도 서울 사람들의 패션에 대한 열망은 사그라지지 않았다. 종전과 함께 명동의 양장점을 중심으로 '서울 패션'이 시작됐다. 서양에서 들어온 패션, '양장'의 바람은 서울 거리의 풍경을 크게 바꿔놓기 시작했다. '마카오 신사'와 '자유부인'으로 상징되는 서울 멋쟁이들이 나타나기 시작한 것. … 56년께에는 소위 '헵번 스타일'의 '쇼트·헤어'에 '맘보' 바지가 나타나서 남녀를 구별하기가 힘든 때가 있기도 했다.

《자유부인》의 공간적 배경이 명동의 양장점이라는 점도, 또한 영화 속 배우들의 한복과 양장을 넘나드는 다양한 패션과 햅번스타일의 머리 스타일 등의 미장센은 당시의 서울의 패션과 미학을 잘 보여주고 있음을 알 수 있다.

이러한 패션과 유행에 '이키'와 같은 이성에 대한 어필이 포함되어 있다는 것은 《자유부인》의 양장점에서 여주인공 오선영과 미스터 한이 화장품을 두고 나누는 대화에서 확인할 수 있다.[13]

> **미스터 한**: "누구를 위해서든 아름답게 꾸며야 하는 현대 여성일수록 점점 매춘부적 소질이 농후해간다고 볼 수 있죠."
> **오선영**: "어머나 그건 폭언이세요. 화장이란 여성의 생활과 마음을 아름답게 하는 절대조건이지요. 그건 선생님의 비문화적인 관찰인 탓이에요."
> **미스터 한**: "이젠 신사의 자격까지 박탈당하게 됐군. 이를테면 야만인이란 말이죠? 하하하."

미스터 한은 아름다움을 상징하는 여성의 화장이 이성에 대한 섹스어필이라는 점을 "매춘부적 소질"이라는 대사로 표현한다. 오선영은 (이성에 대한 어필인) 화장이 미의 절대조건이며 이에 대한 부정은 "비문화적"이라고 항변한다. 다시 미스터 한에 의해 "비문화적"이란 말은 신사의 자격이 없는 "야만인"과 동의어로 표현된다.

이성에 대한 섹스어필이 '이키'의 한 요소인 '비타이'에 해당한다는 점을 생각해본다면, 여성의 화장에 대한 '세련된' 오선영과 '비문화적'이며 '야만인'인 미스터 한의 대비는 '이키'와 '야보'의 대립항을 상기시킨다.

우리는 오선영이 말하는 '미'를 '멋'이라는 단어로 부른다. '멋'은 확장된 의미의 '이키'와 '이나세'는 물론 그보다 더 넓은 외연을 포함하는 단어지만, '이키'를 배척하지 않는 '이키'와 유사한 개념이라고 할 수 있을 것이다.

1960년대 이후로도 이성에 대해 '멋'져 보이기 위한 행동들은 1970년대에는 장발로 대표되는 히피스타일로 발현되었고, 화제가 되었던 TV 드라마 〈응답하라 1988〉(2015-2016)에서도 확인할 수 있는 1980년대의 소위 청청패션과 스노우진 스타일, 1990년대의 X세대 힙합스타일에서 21세기의 한류스타일로 이어져 그 표현의 방식은 다를지언정 이성에 대해 '멋'져보이겠다는 본질적인 태도는 《자유부인》의 그것과 다를 바 없다.

'멋'의 본질은 변하지 않으나, 당대의 세계적 중심 문화였던 미국과 일본 문화의 영향을 받으면서도 또한 동시에 한국 도시만의 특징과 문화를 녹여내 전개되어왔던 것이 한국의 도시미학이라 할 것이다.

한국의 도시미학에 대해서는 짧은 스케치로 끝내려 하지만, 일본의 도시미학과 비교해 본다면, 그 공통점과 차이점을 좀더 명확하게 구별할 수 있을 것으로 믿는다. 한국의 문화와 미학을 더 잘 이해하기 위해서라도 비교 대상으로서의 일본의 도시미학에 대한 이해는 중요하다.

나가며

# '이키즘'에서 바라본 도시의 감수성

에도가 인구 100만 명이 넘어가는 대도시로 성장하자, '이키'라고 불리는 대중들의 미의식이 생겨났다. '이키'는 대중들이 미적 쾌감을 느끼는 상황에서 다양하게 사용되기 시작하여 '이키즘'으로 부를 수 있을 만큼 그 의미가 확장되었다. 우리나라 말의 '멋', '멋있다'와 대응될 정도로 그 의미가 확장된 '이키'에는 에도만의 특수한 미적 감수성과 함께 각국의 도시미학에서 발견될 수 있는 보편적인 미도 함께 존재할 것이라는 가설을 세웠다.

  이 가설을 검증하기 위해 일본의 미학이라 불리는 '모노노아와레'와 '와비사비'에 대해서 개관하고 '이키'가 일본의 3대 미학으로 손꼽힐 수 있게 한 구키 슈조의 '이키'론에 대해 알아보았다.

  '이키'의 보편성을 확인하기 위해서는 슈조의 '이키'론보다 더 넓고 자세하게 '이키'에 대한 이해가 필요했고, '이키'가 발생할 수 있었던 에도라는 도시에 대해서 먼저 알아야 했다. 처음부터 계획되어 개발된 계획도시, 쿠데타 방지책이었던 참근교대 등의 여러 원인이 에도를 상품과 서비스를 소비하는 소비사회로 만들었다. 소비사회는 장 보드리야르가 말했듯 현대사회의 특성이기도 하다.[1] 에도의 대중들은 현대사회의 대중들이 그러하듯, 현실에서의 도피처로 엔터테인먼트를 선택했고, 에도 시대의 대표적 엔터테인먼트로서 유곽과 극장이 있었음을 확인했다. '이키'는 그곳에서 탄생하고 발전했으며 마침내 패션과 건축, 음식, 음악 등에서 하나의 스타일로 자리잡으며 그 의미가 확대되어 '이키즘'을 형성했다는 점을 다양한 용례를 통해 설명해보았다.

에도가 도쿄로 이름이 바뀐 20세기에는 '이키즘'이 올드패션이 되어 서브컬쳐의 미학으로 남겨지게 되는 과정을 다카쿠라 겐의 임협영화와 도라 상의 〈남자는 괴로워〉를 통해 확인했고, 서양의 미적사조에 따르는 20세기 후반 도쿄의 도시미학을 트렌디드라마 〈도쿄 러브스토리〉로 설명했다.

21세기 들어서자 도쿄는 이윽고 늙었다. 도쿄는 도시재생이 필요했다. 한편 국가의 소프트파워를 강조하는 트렌드가 일본에도 파급되어 '쿨 재팬 프로젝트' 등과 같은 국가 주도의 소프트파워 강화 프로그램이 가동되기 시작했다. 국가 단위의 소프트파워 강화 프로젝트와 2020 도쿄올림픽 개최지인 도쿄의 도시재생계획의 요구가 교차하는 지점에서 에도 시타마치의 정서를 되살리고자 하는 움직임이 일어났고, 올드패션이었던 '이키'가 다시 주목받는다. '이키'는 새로운 '이키즘', 즉 '모던 이키즘'의 형태로 프레젠테이션되기 시작하여, 도쿄올림픽의 개막식 공연을 그 정점으로 했다. 일본의 소프트파워 강화 프로그램은 올림픽 이후로도 이어지고 있어, '모던 이키즘' 역시 앞으로 이어질 일본의 소프트파워 프로젝트에서 강조될 것으로 예상된다.

에도가 현대사회와 유사한 소비사회였고, '이키'는 그 소비사회를 배경으로 생겨난 대중들의 미의식이자 미학이었다. 이제 소비사회, 다시 말해 현대 도시사회로 전환된 도시에서는 그곳이 일본이 아닐지라도, '이키'와 비슷한 대중의 미의식과 미학이 존재하게 될 것이라는 점을 확인하기 위하여, 우리나라가 소비사회로 전환되던 시대의 상황을 확인해보고자 했다.

우리나라에서 소설이 매스미디어로서 기능을 할 수 있게 된 1908년 이후로 딱지본 소설의 표지와 권두화에 실린 그림을 통해 당시의 도시 패션이 전국으로 퍼져나갈 수 있는 가능성이 만들어졌다는 점과 우리나라의 도시미학 역시 '이키'와 마찬가지로 이성에 대한 섹스어필이 근저에 깔려 있음을 영화 〈자유부인〉을 통해 확인했다.

지금까지 확인해본 '이키'에 대한 통시적이자 공시적인 분석을 통해 '이키즘'에 대한 연구가 한국과 동아시아의 도시미학 연구에 있어 하나의 잣대로 사용될 수 있는 가능성을 엿볼 수 있지 않았나 기대해본다. 나아가 '이키즘'에 대한 이해는 동아시아 영상문학, 대중소설, 매스미디어, 콘텐츠의 비교연구에서도 유용할 것이며, 아시아 각국의 대중문화예술 전개를 연구함에 있어서도 중요한 비교대상이 될 것이라고 확신한다.

군이 한류라는 말을 거론하지 않더라도 아시아 대중문화의 교류는 점점 더 발전하고 확대될 것이 확실하다. 이 책이 아시아의 대중문화, 대중미학 연구를 돕는 자그마한 돌멩이 하나의 역할이라도 할 수 있기를 바란다.

대중예술은 피리어드를 찍지 않고, 언제나 속편의 여지를 남겨둔다. 대중의 미학을 다뤘던 이 책 또한 마침표를 찍지 않는 '멋'을 부려본다

    이 아름다운 도시를 사랑하는 것은 좋은 일이다
    이 아름다운 도시의 건물을 사랑하는 것은 좋은 일이다
    세상의 모든 다정하고 고운 여인을 품기 위해
    세상의 모든 세련되고 고귀한 삶을 얻기 위해
    이 수도에 와서 북적이는 거리를 걷는 것은 좋은 일이다
    도로를 따라 늘어선 벚꽃나무
    저기에도 수많은 참새가 노래하고 있지 않은가

아아 이 거대한 도시의 밤에 잠들 수 있는 것은

그저 단 한 마리 푸른 고양이의 그림자다

슬픈 인류 역사를 읊는 고양이의 그림자다

나의 간절히 바라는 행복의 푸른 그림자다

어떠한 그림자를 구하려,

진눈깨비 내리는 날에도 나는 도쿄를 그리워하였는데

저 뒷골목의 벽에 싸늘히 기대어 서 있는

이 나 같은 거지는 무슨 꿈을 꾸고 있는 것이냐

— 하기와라 사쿠타로萩原朔太郎, 〈푸른 고양이青猫〉

# 주

## 들어가며

1 《日本大百科全書》, 小學館, 1994.
2 改訂新版《世界大百科事典》, 平凡社, 2014.
3 정순복, 〈미학의 의미와 그 실제〉, 《美學》 12, 1987, 137쪽.
4 노성두·심혜련·김문환, 《경성제국대학 소장 미학 및 예술학 관련 외서(1925-1945)의 해제 작업》, 한국미학회, 2004, 1쪽.
5 《デジタル大辞泉》, 小学館, 1995.
6 모토오리 노리나가, 김병숙 외 옮김, 《모노노아와레》, 모시는사람들, 2016; 레너드 코렌(Koren, Leonard), 박정훈 옮김, 《와비사비》, 안그라픽스, 2022 등

## 1장 일본의 3대 전통 미학: 모노노아와레, 와비사비 그리고 이키

1 박규태, 〈야나기 무네요시의 비애미와 '모노': 모노노아와레와 한(恨)의 미학 서설〉, 《일본사상》 39, 2020, 67-93쪽.
2 김정희, 〈近代における源氏物語批評史: 天皇制とも「もののあはれ」を中心に〉, 《일본학연구》 34, 2011, 173-196쪽.
3 野山嘉正, 〈国学から国文学へ: 国語国文学の近代〉, 《言語文化研究》 1, 2002, 116項.
4 秋山虔, 《批評集成源氏物語》, ゆまに書房, 1999.
5 白根治夫, 《創造された古典》, 新曜社, 1999, 116項.
6 배관문, 〈국문학의 탄생과 국학: 학제와 텍스트 선정을 중심으로〉, 《日本學報》 98, 2014, 211-223쪽.
7 박규태, 앞의 논문.
8 원영태, 〈한국 '단색화'론에 제시된 '한국성'과 이의 자연 과학적 해석에 관한 연

구〉,《기초조형학연구》 22.1., 2021, 239-258쪽.
9 김옥수, 〈法頂禪師의 禪茶文化에 관한 硏究〉, 성신여자대학교 박사학위논문, 2016, 89-200쪽.
10 정영희, 〈와비차(侘び茶)의 禪세계 고찰〉, 《韓國佛敎學》 81, 2017, 307-333쪽.
11 위의 논문.
12 大槻磐渓, 《抄本近古史談》 2, 東京宝文館, 1926, 38項.
13 다치바나 미치코(橘倫子), 〈와비 茶의 美意識〉, 《美術史學》 25, 2011, 359-379쪽.
14 김윤·임은혁, 〈"무인양품(MUJI)"에 나타난 전통적 미의식: "와비(わび)"와 "사비(さび)"를 중심으로〉, 《커뮤니케이션 디자인학연구》 50, 2015, 52-63쪽.
15 白根治夫, 앞의 책, 89쪽.
16 배관문, 〈일본 전통예능으로서의 노(能)의 발견〉, 《동아시아 문화연구》 61, 2015, 61-83쪽.
17 최태화, 〈광의화된 이키(いき): 닌조본에 묘사된 이키를 중심으로〉, 《日本學報》 111, 2017, 147-165쪽.
18 구키 슈조, 이윤정 옮김, 《'이키'의 구조》 일본 문화연구시리즈 1, 한일문화교류센터, 2001.
19 安田武, 《《'いき'の構造》を読む》, 筑摩書房, 2015, 49-60項.
20 九鬼周造, 《'いき'の構造: 他二篇》, 岩波書店, 1979, 25項.
21 위의 책, 71項.
22 위의 책, 44項.
23 위의 책, 39-42項.
24 위의 책, 43-48項.

## 2장 '이키'의 공간과 그 주인공: 대도시 오에도와 에도 시민 에돗코

1 일본 국토교통성국토지리원, https://www.gsi.go.jp/kankyochiri/degitalelevationmap_kanto.html.
2 關山直太郎, 《近世日本の人口構造》, 吉川弘文館, 1985, 62項.
3 豊島区人口·統計, https://www.city.toshima.lg.jp/070/kuse/gaiyo/jinko/index.html.
4 山東京伝, 《通言総籬》, 蔦屋重三郎, 1787, 11項.

5  정형,《일본 문학 속 에도·도쿄 표상 연구》, 제이앤씨, 2009, 40-44쪽.
6  小林正彬,《經營史》, 世界書院, 1991, 165-167쪽.
7  崔泰和,〈에도의 유행신(流行神)과 서민의 종교경제활동:《우메노하루(梅之春)》를 중심으로〉,《일본언어문화》39, 2017, 239쪽.
8  三井文庫編,《三井事業史》, 三井文庫, 1980, 712項.
9  畑市次郎,《東京災害史》, 都政通信社, 1952, 54項.
10 田中克佳,〈「江戸っ子」の人間像とその実体〉,《哲學》vol.109, 2003, 135-147項.
11 北原進,《百万都市江戸の生活》, 角川書店, 1991, 143-145項.

### 3장 비일상의 일상, 일상의 비일상: 에도의 미, '이키즘'

1  로제 카이와(Caillois, Roger), 이상률 옮김,《놀이와 인간》, 문예출판사, 1994, 39-57쪽.
2  日比谷孟俊,〈'文化のゆりかご'だった江戸吉原: 浮世絵や歌舞伎, 狂歌を育んだ幕府公認遊郭〉, Nippon.Com, https://www.nippon.com/ja/japan-topics/g00885/#. 히비야 교수는 요시와라의 유명한 기루 중 하나였던 '이즈미야(和泉屋)'의 후손이기도 하다.
3  為永春水,《梅ごよみ. 春告鳥》, 博文館, 1909, 77-78項.
4  위의 책, 129-132項.
5  위의 책, 89-92項.
6  위의 책, 526-529項.
7  위의 책, 189-192項.
8  《江戸の粋: 東都文物往来》, 平凡社, 1981, 10項.
9  喜田川守貞,《近世風俗志》, 岩波書店, 1996, 86項.
10 蒼先堂,《江戸名物酒飯手引草 4》, 蒼先堂, 1848, 12項.
11 《日本国語大辞典》第二版, 小学館, 2002.
12 최태화,〈'이키'와 '이나세'의 미학〉,《대한일어일문학회 학술대회 발표 논문 요지집》, 2023.4.15.
13 中江克己,《お江戸の職人素朴な大疑問 4》, PHP文庫, 2009, 25項.
14 《デジタル大辞泉》, 小学館, 1995.
15 윤지관,《근대사회의 교양과 비평》, 창작과비평사, 1995.

## 4장 20세기 도쿄, 대중미학의 변화

1. 古田尚輝,〈劇映画"空白の6年"(その1)〉,《成城文藝》no.197, Dec. 2006, 75-100항.
2. 夏剛,〈辞典に見る日·中の国柄(2)〉,《立命館国際研究》28, 2016, 51項.
3. 최태화,〈2020 도쿄올림픽 개막식을 예로 든 일본고전문화문학 교육방안: 에도시대 '이키'와 '이나세'의 미학을 중심으로〉,《日本語敎育》(108), 2024, 84-86쪽.
4. NPO法人日本お祭り推進協会 リアルジャパン'オン, https://www.on-japan.jp/topics/feature-article/feel-the-rising-fever-of-traditional-matsuri-03/.
5. 昭和残侠伝, 日本映画製作者連盟, http://db.eiren.org/contents/03000009520.html.
6. 富山由紀子,〈柴門ふみ〈東京ラブストーリー〉論: 対幻想を超克するヒロイン〉,《早稲田現代文芸研究》4, 2014, 75-88項.
7. ワイド特集, "「織田裕二」, 「鈴木保奈美」共演より話題沸騰の〈東京ラブストーリー〉",《週刊新潮》63(36), 2018, 42-43項.
8. "〈질투〉를 낳게 한 한국 트렌디물의 원조", 중앙SUNDAY 뉴스, 중앙선데이, 15 Dec. 2007, https://www.joongang.co.kr/article/2981231#home.
9. "〈東ラブ〉のドラマ演出家「振られる女の美学を撮りたかった」", NEWSポストセブン, 小学館, 2 Dec. 2016, https://www.news-postseven.com/archives/20161202_471559.html?DETAIL.
10. B. D. Belleau, "Cyclical Fashion Movement: Women's Day Dresses: 1860-1980," *Clothing and Textiles Research Journal* 5(2), 1987, pp.15-20.
11. J. Richardson and A. L. Kroeber, "Three Centuries of Women's Dress Fashion; a Quantitative Analysis," *Fashion Marketing*, 1940, pp.47-105.
12. A. B. Young, "Recurring Cycles of Fashion," *Fashion Marketing*, 1937, pp.107-124.
13. 이 장의 1절과 2절은 최태화,〈1960년대 일본 임협영화의 미학: 이키(いき)와 이나세(いなせ)를 중심으로〉,《일본어문학》103, 2024; 3절은 최태화,〈TV드라마와 도시문화콘텐츠:〈도쿄 러브스토리〉와〈도쿄 센티멘탈〉을 중심으로〉,《일본문화학보》0.81, 2019; 최태화,〈'어반 러브스토리'로서의〈도쿄 센티멘탈〉과 닌조본〉,《용봉인문논총》(53), 2018을 책의 내용에 맞게 보완 및 수정한 내용이다.

### 5장 21세기 에도도쿄로의 도시재생과 '모던 이키즘'

1 "Investment in government propaganda is not a successful strategy to increase a country's soft power. The best propaganda is not propaganda." J. S. Nye, "The Information Revolution and Power The rise of digital networks is diffusing power to new players. Fourth in a series on soft power," *Current History* 153(759), 2014, pp.19-22.

2 日本内閣府, クールジャパン戦略, 知的財産戦略本部, 2019.

3 "クールジャパン、真髄は「粋」シンボル作成、記念金貨製造へ",《産経新聞》, 21 Mar. 2013, https://www.sankei.com/article/20130321-HERKYMVXLRLZZHZFVOC2TZWJGU/.

4 히시카와 모로노부기념관(菱川師宣記念館) 홈페이지. 8 July 2014, https://www.town.kyonan.chiba.jp/site/hishikawamoronobukinenkan/2461.html.

5 "'日本の美'総合プロジェクト懇談会", 政策会議, 内閣官房副長官補室, 11 Apr. 2019, https://www.kantei.go.jp/jp/singi/nihon_bi_sogoproject/index.html.

6 "「火要鎮」director's Interview", ショートピースプロジェクト最終形態, http://shortpeace-movie.com/jp/.

7 国土交通省, "東京スカイツリーに係る国土交通省関係施策について", 国土交通省, 21 May 2012, www.mlit.go.jp/common/000211727.pdf.

8 国土交通省, "新タワーネーミング全国投票 結果概要", 新東京タワー株式会社, 10 June 2008, www.tokyo-skytree.jp/press/pdf/080610.pdf.

9 "ドラマ24東京センチメンタル", TV TOKYO, https://www.tv-tokyo.co.jp/tokyo_sentimental/smp/news/.

10 김미진,〈온택트 시대의 일본 전통 문화 교육 방안: '일본박(日本博)' 프로젝트와 2020 도쿄올림픽 사례를 중심으로〉,《日本語敎育》98, 2021, 1-13쪽.

11 위의 논문.

12 《東京新聞》, 2021.7.23, "「天の声」に翻弄された開会式 … 組織委関係者が語る「五輪の闇」", https://www.tokyo-np.co.jp/article/118610(검색일 2024.4.1).

13 文春オンライン, 2021.8.13, ""森案件"の市川海老蔵,小池の"火消しと木遣り"… 東京五輪の開会式は「政治利用」の答え合わせがたまらなかった！― 東京五輪の光と影", https://bunshun.jp/articles/-/47862#goog_rewarded(검색일 2024.4.1).

## 6장 한국 도시미학의 전개

1. 송도영, 〈한국 대중문화의 혼성적 형성과정과 한류문화 담론〉, 《담론 201》 9(4)., 2007, 35-74쪽.
2. 강명구, 《소비대중문화와 포스트모더니즘》, 민음사, 1993, 18쪽.
3. 최호석, 〈신문관 간행 육전소설에 대한 연구〉, 《韓民族語文學》 57, 2010, 132-133쪽.
4. https://news.kbs.co.kr/news/pc/view/view.do?ncd=7653311.
5. 서유리, 〈딱지본 소설책의 표지 디자인 연구〉, 《한국근현대미술사학》 20, 2009 53쪽.
6. 박진영, 〈책의 발명과 출판문화의 탄생〉, 《근대서지》 12, 2015, 149-150쪽.
7. 김청강, 〈딱지본 대중소설, 혼란과 판타지〉, 《대중서사연구》 15, 2006, 90쪽.
8. 작자미상, 《청춘의 화몽》, 신구서림, 간행일미상; 박준표, 《운명》, 박문서관, 1924; 강범형, 《애정의 눈물》, 삼광서림, 1930; 백두용, 《쌍련몽》, 한남서림, 1926; 강의영, 《초생달》, 세창서관, 1930; 이원규, 《아버지-부》, 태화서관, 1933; 강하형, 《어머니-모》, 태화서관, 1933; 성원, 《다정다한》, 영창서관, 1932. 이상의 출전은 오영식, 《오래된 근대, 딱지본의 책그림》, 소명, 2021.
9. 최태화, 〈닌조본과 딱지본 대중소설 비교고찰: 멜로드라마적 특성과 현대 영상 콘텐츠 표현기법을 중심으로〉, 《日語日文學硏究》 105.2, 2018, 91-108쪽.
10. 김경숙, 〈신문소설의 영화적 변용연구: 정비석의 《자유부인》 그리고 한형모의 〈자유부인〉〉, 《아시아영화연구》 11(1), 2018, 118쪽.
11. 김혜정, 〈한형모 감독의 영화 〈자유부인〉에 나타난 복식에 관한 연구〉, 《패션비즈니스》 17.1, 2013, 98-113쪽.
12. https://www.joongang.co.kr/article/25046413#home(검색일 2024.5.5).
13. 한형모 감독의 영화 〈자유부인〉(1956).

## 나가며

1. 장 보드리야르(Baudrillard, Jean), 임문영 옮김, 《소비의 사회》, 계명대학교 출판부, 1998, 1-350쪽.

# 참고문헌

**국내 논문**

김경숙. 〈신문소설의 영화적 변용연구: 정비석의 《자유부인》 그리고 한형모의 〈자유부인〉〉. 《아시아영화연구》 11(1). 2018.

김미진. 〈온택트 시대의 일본 전통 문화 교육 방안: '일본박(日本博)' 프로젝트와 2020 도쿄올림픽 사례를 중심으로〉. 《日本語教育》 98. 2021.

김옥수. 〈法頂禪師의 禪茶文化에 관한 硏究〉. 성신여자대학교 박사학위논문. 2016.

김윤·임은혁. 〈'무인양품(MUJI)'에 나타난 전통적 미의식: "와비(わび)"와 "사비(さび)"를 중심으로〉. 《커뮤니케이션 디자인학연구》 50. 2015.

김정희. 〈近代における源氏物語批評史: 天皇制と「もののあはれ」を中心に〉. 《일본학연구》 34. 2011.

김청강. 〈딱지본 대중소설, 혼란과 판타지〉. 《대중서사연구》 15. 2006.

김혜정. 〈한형모 감독의 영화 〈자유부인〉에 나타난 복식에 관한 연구〉. 《패션비즈니스》 17(1). 2013.

박규태. 〈야나기 무네요시의 비애미와 '모노': 모노노아와레와 한(恨)의 미학 서설〉. 《일본사상》 39. 2020.

박진영. 〈책의 발명과 출판문화의 탄생〉. 《근대서지》 12. 2015.

배관문. 〈국문학의 탄생과 국학: 학제와 텍스트 선정을 중심으로〉. 《日本學報》 98. 2014.

배관문. 〈일본 전통예능으로서의 노(能)의 발견〉. 《동아시아 문화연구》 61. 2015.

서유리. 〈딱지본 소설책의 표지 디자인 연구〉. 《한국근현대미술사학》 20. 2009.

송도영. 〈한국 대중문화의 혼성적 형성과정과 한류문화 담론〉. 《담론 201》. 9(4). 2007.

원영태. 〈한국 '단색화'론에 제시된 '한국성'과 이의 자연 과학적 해석에 관한 연구〉. 《기초조형학연구》 22(1). 2021.

정순복. 〈미학의 의미와 그 실제〉. 《美學》 12. 1987.
정영희. 〈와비차(侘び茶)의 禪세계 고찰〉. 《韓國佛敎學》 81. 2017.
최태화. 〈광의화된 이키(いき): 닌조본에 묘사된 이키를 중심으로〉. 《日本學報》 111. 2017.
최태화. 〈에도의 유행신(流行神)과 서민의 종교경제활동: 《우메노하루(梅之春)》를 중심으로〉. 《일본언어문화》 39. 2017.
최태화. 〈닌조본과 딱지본 대중소설 비교고찰: 멜로드라마적 특성과 현대 영상콘텐츠 표현기법을 중심으로〉. 《日語日文學硏究》 105.2. 2018.
최태화. 〈'어반 러브스토리'로서의 〈도쿄 센티멘털〉과 닌조본〉. 《용봉인문논총》 53. 2018.
최태화. 〈TV드라마와 도시문화콘텐츠: 〈도쿄 러브스토리〉와 〈도쿄 센티멘탈〉을 중심으로〉. 《일본문화학보》 (81). 2019.
최태화. 〈2020 도쿄올림픽 개막식을 예로 든 일본고전문화문학 교육방안: 에도 시대 '이키'와 '이나세'의 미학을 중심으로〉. 《日本語敎育》 (108). 2024.
최태화. 〈1960년대 일본임협영화의 미학: 이키(いき)와 이나세(いなせ)를 중심으로〉. 《일본어문학》 103. 2024.
최호석. 〈신문관 간행 육전소설에 대한 연구〉. 《韓民族語文學》 57. 2010.
타치바나 미치코(橘倫子). 〈와비 茶의 美意識〉. 《美術史學》 25. 2011.

**국외 논문**

A. B. Young. "Recurring Cycles of Fashion." *Fashion Marketing*. 1937.
B. D. Belleau. "Cyclical Fashion Movement: Women's Day Dresses: 1860-1980." *Clothing and Textiles Research Journal* 5(2). 1987.
J. Richardson and A. L. Kroeber. "Three Centuries of Women's Dress Fashion; a Quantitative Analysis." *Fashion Marketing*. 1940.
J. S. Nye. "The Information Revolution and Power The rise of digital networks is diffusing power to new players. Fourth in a series on soft power." *Current History* 153(759). 2014.
古田尚輝. 〈劇映画"空白の6年"(その1)〉. 《成城文藝》 no.197. Dec. 2006.
田中克佳. 〈「江戸っ子」の人間像とその実体〉. 《哲學》 vol.109. 2003.

野山嘉正.〈国学から国文学へ: 国語国文学の近代〉.《言語文化研究》1. 2002.
富山由紀子.〈柴門ふみ《東京ラブストーリー》論: 対幻想を超克するヒロイン〉.《早稲田現代文芸研究》4. 2014.

**국내 저서**

강명구.《소비대중문화와 포스트모더니즘》. 민음사. 1993.
구키 슈조. 이윤정 옮김.《'이키'의 구조》. 일본 문화연구시리즈 1. 한일문화교류센터. 2001.
노성두·심혜련·김문환.《경성제국대학 소장 미학 및 예술학 관련 외서(1925-1945)의 해제 작업》. 한국미학회. 2004.
레너드 코렌(Koren, Leonard). 박정훈 옮김.《와비사비》. 안그라픽스. 2022.
로제 카이와(Caillois, Roger). 이상률 옮김.《놀이와 인간》. 문예출판사. 1994.
모토오리 노리나가. 김병숙 외 옮김.《모노노아와레》. 모시는사람들. 2016.
오영식.《오래된 근대, 딱지본의 책그림》. 소명출판, 2021.
윤지관.《근대사회의 교양과 비평》. 창작과비평사, 1995.
장 보드리야르(Baudrillard, Jean). 임문영 옮김.《소비의 사회》. 계명대학교 출판부. 1998.
정형.《일본 문학 속 에도·도쿄 표상 연구》. 제이앤씨. 2009.

**국외 저서**

최태화.《春水人情本の研究: 同時代性を中心に》. 若草書房. 2014.
關山直太郎.《近世日本の人口構造》. 吉川弘文館. 1985.
九鬼周造.《'いき'の構造: 他二篇》. 岩波書店. 1979.
大槻磐渓.《抄本近古史談》2. 東京宝文館. 1926.
白根治夫.《創造された古典》. 新曜社. 1999.
北原進.《百万都市江戸の生活》. 角川書店. 1991.
山東京伝.《通言総籬》. 蔦屋重三郎. 1787.
三井文庫編.《三井事業史》. 三井文庫. 1980.
小林正彬.《経営史》. 世界書院. 1991.
安田武.《《'いき'の構造》を読む》. 筑摩書房. 2015.

為永春水,《梅ごよみ,春告鳥》,博文館, 1909.

畑市次郎,《東京災害史》, 都政通信社, 1952.

中江克己,《お江戸の職人素朴な大疑問》4, PHP文庫, 2009.

蒼先堂,《江戸名物酒飯手引草》4, 蒼先堂, 1848.

秋山虔,《批評集成源氏物語》, ゆまに書房, 1999.

脇田耕三郎,《江戸の粋: 東都文物往来》, 平凡社, 1981.

喜田川守貞,《近世風俗志》, 岩波書店, 1996.

# 노쿄 미학
이키즘, 세련된 도시인의 멋

1판 1쇄 2025년 4월 15일

지은이 | 최태화

펴낸이 | 류종필
책임편집 | 김현대
편집 | 권준, 이정우, 노민정, 이은진
경영지원 | 홍정민
표지 디자인 | 석운디자인
본문 디자인 | 박애영

펴낸곳 | (주)도서출판 책과함께
　　　　주소 (04022) 서울시 마포구 동교로 70 소와소빌딩 2층
　　　　전화 (02) 335-1982
　　　　팩스 (02) 335-1316
　　　　전자우편 prpub@daum.net
　　　　블로그 blog.naver.com/prpub
　　　　등록 2003년 4월 3일 제2003-000392호

ISBN 979-11-94263-39-5  93600

* 이 책은 아모레퍼시픽재단의 지원을 받아 저술·출판되었습니다.
* 이 책에 실린 도판 중에 저작권자가 불분명하거나 연락할 방법을 찾지 못한 경우 피치 못하게 허가를 구하지 못했습니다. 추후라도 저작권자가 확인되면 허가 절차를 밟겠습니다.